Photo : L'Ill, Mulhouse, France
Textes et illustrations © J. Pierson 2013
Réédition revue et corrigée © 2020
ISBN Livre papier : 979-10-94954-06-5
ISBN Livre numérique : 979-10-94954-07-2
Les Editions de la Nation Neandertal
http://ednane.canalblog.com/
led.nneandertal@gmail.com

un vase de soissons
à trois clous

(5) Récit écrit entre Septembre 2014 et Février 2016

Avertissement

Un certain nombre de personnages, faits et lieux qui sont évoqués dans ce récit, se réfèrent à des réalités historiques communément reconnues.
Un certain nombre, seulement.
Pour le reste, il s'agit d'éléments tirés de faits relatés dans le « Grimagine », un épais manuscrit empreint d'une certaine magie dont les textes remontent jusqu'en des temps très anciens.
Cet ouvrage intemporel n'est cependant pas reconnu par les historiens, ni par la communauté scientifique, ni par hasard.

Il est donc vivement déconseillé d'utiliser le présent livre comme document de référence dans le cadre de travaux ou d'études en Histoire.
Cela dit, si vous souhaitez aborder les choses d'un point de vue alternatif...

*« Tout ce que l'on peut dire au présent a certainement
été dit au passé et même dans un passé antérieur »*

Hans Olo
(Entre deux galaxies, BY + 1)

PROLOGUE

– Va dire à Chlodweg que ses sbires m'ont piqué un vase auquel je tiens.

– Oh, Rémi ! Pourquoi risquer de se faire estropier pour un vase ?

– Discute pas…

– Il serait peut-être plus prudent, d'abord, d'en faire des Chrétiens…

– Convertir les Francs, coûte que coûte, telle est ma devise !... Mais le moment n'est pas encore venu.

– Pourquoi pas ?…

– Je ne sais pas... Dieu ne m'a pas encore parlé... Bon, allez, en attendant, va me réclamer cet objet.

– Il ressemble à quoi ?

– Il a une forme de vase haut, en métal, avec trois clous dedans.

– Ça vaut beaucoup ?

– Pas un clou.

I

« Ce n'est pas en donnant de la biquette à un agneau
que l'on fait du Mouton-Rotschild ! »
(A. Joux)

L'Ill était une fois sur la route reliant Rome à Aix, quelque part dans la plaine du Rhin. La rivière est toujours là, d'ailleurs. À cette époque, régnait Charles dit « Le Magne » car il était toujours pressé. Ce monarque avait (comme de nombreux autres) un goût prononcé pour l'équitation : on le trouvait souvent à cheval sur son bourrin, sur les principes ou encore sur des courtisanes attirées par sa position et séduites par celles qu'il pratiquait.

Or, Charles rencontrait des difficultés avec les Saxons qui, vus sous certains Angles, peuplaient déjà l'Ile de Bretagne depuis bien 3 siècles, y rendant la situation plus pop qu'au temps des Celtes. Sur le continent, en revanche, ils persistaient à fausser les plans de son règne franc, notamment en venant l'enquiquiner sur ses terres palatines (c'est-à-dire débarrassées de l'influence romaine).

Revenant à cet effet du sud-ouest en quatrième vitesse sur son destrier blanc sale – sans Roland qu'il avait laissé à Roncevaux (essoufflé par son cor) – Charles s'arrêta au lieu-dit « Mulinhuson » pour se reposer et faire le plein. Le plein d'avoine pour son cheval et le plein de blé pour lui car les taxes avaient déjà été inventées. En même temps, son estomac criait famine et son taux d'hormones crevait le plafond, alors...!

Descendu à l'auberge, il dut cependant se rendre à l'évidence qu'en ce territoire, jadis alémanique, où bon nombre d'autochtones conservateurs persistaient à garder leur langue tout en bavardant, la communication s'avèrerait difficile en francique officiel. Quant au latin, par ici à la campagne, il y avait de quoi le perdre. Finalement, en joignant le geste à la parole, il se fit comprendre : le pouce renversé vers la bouche, une tape sur le ventre, une autre sur le derrière de la fille de l'aubergiste en lui glissant une pièce d'or taxée en chemin, et hop, le tour fut joué !

Mais, me direz-vous, il n'était quand même pas venu seul dans ce coin perdu !? Presque ! Ses troupes avaient pris un raccourci au nord, tandis que lui et quelques potes faisaient un crochet par ici.

Parmi eux se trouvaient Jonas, roi d'Eckohn, Sire Othello d'Upastis et son fidèle Pépin Accraché. Il aimait bien ce dernier, prénommé comme son père mais moins ambitieux que lui, ce qui l'arrangeait. Il envisageait même de donner ce prénom à l'un de ses prochains fils avec Hildegarde, « celle que j'garde » s'était-il dit en repensant, ému, à la jeune femme.

Car il faut savoir que Charles se magnait tant, qu'il en était déjà à sa troisième épouse à l'âge d'environ 36 ans ! Ce qu'il ignorait, à l'époque – et que les historiens ont établi depuis – était qu'il aurait jusqu'à 9 compagnes (officielles, s'entend) et complèterait l'arbre avec 19 enfants (officiels, s'entend) en tout !

Mais, est-on bien certain que tous portaient ses gênes ? En effet, lorsqu'il partait en campagne, il n'emmenait pas ses compagnes – hormis sa bien-aimée Hildegarde, au début. Il était à la fois humain et inévitable qu'elles succombassent au plaisir de lever le vassal (jetable, de préférence, pour qu'en cas de pépin, le fruit de la passion pût s'accrocher naturellement à l'arbre familial).

Donc, en cet an de garce 778 qui avait vu mourir Roland et naître son fils Ludwig (futur Louis 1er, tête d'une série dont le 16ème la perdra), Charles était en train de faire ripaille dans cette maison qui, semble-t-il, inspira les armoiries de la futur cité : l'Auberge Rouge du Moulin (ou l'Auberge du Moulin Rouge, les avis divergent, mais ce n'est peut-être qu'une question d'activité selon l'époque).

Il y était venu incognito, voulant d'une part éviter les paparazzi envoyés par les Lombards dont il venait de virer le roi pour prendre sa place et, d'autre part, les conflits dus aux velléités indépendantistes d'Alamans locaux résistant encore et toujours à l'envahisseur : ils avaient leurs marques dans la région et refusaient qu'on leur imposât les Francs.

La fréquentation de l'auberge, ce soir-là, incita le tenancier – un homme avisé – à envoyer son fiston quérir dans le voisinage des femmes intéressée par de l'argent de corsage. Elle ne se firent pas prier en apprenant que Hansegonde, la grande soeur du gamin, avait déjà été gratifiée d'espèces sonnantes : il y a avait là quelques bourses intéressantes à exploiter.

L'aubergiste fit pisser le tonneau de piquette qui ne valait pas un Edelzwicker premier prix de supermarché actuel (mais suffisamment gouleyante pour l'époque), et ménagea ainsi une ambiance propice à ses affaires où se déliaient les langues. Et surtout les bourses.

Charles et ses compagnons eurent tôt fait d'entamer une joute de gobelets, à qui roulerait le dernier sous la table. Jonas, au physique imposant mais à l'esprit fragile, fut le premier à s'écrouler sous les rires de ses camarades de beuverie, et à la grande déception de la gironde assise sur ses genoux qui trouvait ce blondinet plaisant, le supposait vigoureux du ventre, et plein aux as à en juger par les bagues qu'il portait. Othello le suivit un quart d'heure après et, contrairement à toute attente, Pépin résista fort longtemps aux goulées vineuses, mais ce fut Charles qui remporta la victoire. En tant que roi, c'était la moindre des choses, comme il avait dû se le dire avant de s'écrouler sur la table.

Un énergumène, dans l'assistance, apostropha Charles, tel un compère :

– Toi, à la chevelure aplatie comme si tu avais porté une couronne, serais-tu vraiment le roi de la descente ? Oseras-tu te mesurer à moi, pour voir !

– C'est que j'ai déjà de l'avance avec ce que j'ai bu ! rétorqua le Magne, après un instant d'hésitation où il avait cru être reconnu.

– T'es malin comme un seigneur ! J'ai observé ton jeu : une fois sur deux, tu as renversé ta coupe sous la table !

L'homme au teint basané s'approcha de la table en prenant un tabouret, et se présenta :

– Mon nom est Nabil de Médois.

– Tu es un Sarasin !? s'écria Charles en bondissant sur ses pieds, son épée à la main.

– Pas du tout, messire ! Je ne mange pas de ce pain là et je ne partage pas ma galette avec les Armoricains... ! répondit l'autre en gardant son calme et la main sur son glaive.

– Serais-tu passé chez les Ibères, ces derniers temps ? demanda encore Charles avec méfiance.

– Je passe mes hivers chez moi, à Reims... Mais toi, tu m'as l'air enrhumé...

Le Magne ne releva pas cette dernière remarque, mais nota les origines de Nabil :

– Tu es de Reims, Médois ?

– Pardieu ! tonna l'homme de sa voix caverneuse. Bien sûr ! Et notre vigne vaut largement celle d'ici ! termina-t-il en indiquant du pouce les collines qu'on pouvait apercevoir par la fenêtre.

– Je te crois volontiers, et je comprends maintenant ton insistance à vouloir trinquer ! Tu dois être un fieffé buveur ! lança Charles en se rasseyant dans un éclat de rire et sur son tabouret.

– Alors, buvons ! s'exclama Nabil.

Or, Charles aimait bien garder le contrôle de lui-même et redoutait la cuite. Il argumenta, habile :

– Oh ! Mais c'est qu'il se fait tard ! Le soleil se couche déjà ! J'ai un cheval à prendre, moi, et je suis loin de chez moi !

– Tu es homme à te tirer plus vite que ton ombre, je vois, rugit l'autre sur un ton familier, néanmoins très en avance sur son époque. Tu es prêt à fuir devant l'épreuve ! Je parie que tu as hâte de trousser la donzelle ! provoqua-t-il encore, non sans arrière-pensée.

– Tu commences à me gonfler, comme quelqu'un à qui on souffle dans le corps ! s'énerva Charles. Soit ! Buvons, mais prestement !... Et quel est l'enjeu ?

– L'enjeu ?

– Ben oui, quoi, qu'y a-t-il à gagner ?

– Que proposes-tu comme lot ?

– Mon tour de manège avec la fille de l'aubergiste, j'ai déjà payé l'entrée... Et toi ?

– Ça ! dit l'homme, avec un petit air énigmatique.

Il plongea la main dans son sac en peau de... d'animal, peu importe... pour en sortir une coupe de métal ouvragée qu'il posa sur la table en regardant Charles.

– Ça ? demanda ce dernier en fronçant les sourcils.

– Ça ! confirma Nabil.

– Bof ! Si tu veux... Mais j'ai la même à la maison, déclara Charles tandis que l'aubergiste remplit les gobelets.

– La même ? Tu es sûr ? s'étonna Nabil.

– Attends ! Je ne suis pas encore sénile, je sais ce que je dis !

– Et tu habites où ?

– À Aix.

– Ah ? Dans le sud…!

– Non, vers le nord, à Oche, si tu préfères...

– Mais Auch, c'est dans le sud-ouest !

– J'ai dit « Oche » ! Je parle francique, non ?

– Ah ! Oche ! Mais c'est chez le roi Charles, ça !

– Aubergiste ! Des coupes plus grandes ! Et remplis-les ! commanda l'incognito monarque qui nourrissait l'espoir d'embrumer le cerveau de ce curieux au plus vite.

– Et comment se porte-t-il, l'espiègle ?

– Qui ?

– Le roi, voyons !

– Il est encore dans le sud-ouest, je crois...

– À Auch ?

– Peut-être... Mais toi, dis-moi, tu n'es pas vraiment de Reims, avec un prénom pareil !

– Mes grands parents maternels sont venus de l'Empire d'Orient.

– Pourquoi sont-ils venus en Occident ?

– Ils ont été désorientés.

Les deux hommes s'enfilèrent ainsi de nombreuses rasades tout en devisant, tandis que les autres clients les imitaient dans une ambiance toujours plus animée, taquinant la compagnie féminine ou disparaissant dans les foins de l'écurie voisine afin d'approfondir certaines connaissances.

Ce fut Charles qui, finalement, l'emporta ; Nabil, ayant résisté longtemps, jeta le torchon avant de s'affaler à son tour dans une mangeoire paillée.

De retour parmi les survivants, Jonas, Othello et Pépin, saisirent chacun la taille d'une autochtone puis accompagnèrent Charles, titubant, tenant d'une main celle d'Hansegonde, et de l'autre, la coupe de Nabil, vers une couche plus confortable, à l'étage, où le roi eut droit aux faveurs de la jeune femme.

Lorsqu'à l'aube le coq coqueriqua, le soleil brillant darda ses rayons à travers le taffetas troué qui masquait les ouvertures, jetant un éclairage pudique sur la compagnie endormie.

Charles, debout le premier, écarta l'un de ces rideaux pour soulager sa vessie, apportant d'un jet depuis l'étage sa royale et néanmoins piètre contribution au débit de l'Ill.

Plus en aval, quelques hommes faisaient leurs ablutions matinales tandis que des femmes lavaient le linge sale en famille. La faune, également, vaquait à ses occupations quotidiennes : un héron, petit pas tapon, avançait sur ses échasses vers le poisson convoité qu'on voyait aussi, nullement troublé par le pépiement des canetons en file indienne derrière leur mère – à laquelle un défaut de pigmentation qui lui faisait les pattes jaunes avait valu le surnom de « cane aux palmes d'or ». Un mâle manquait aujourd'hui au groupe, ravi par une flèche en plein coeur qu'avait tirée par amour de la bonne chère un habile chasseur (Nabil d'ailleurs) qui ne pouvait se passer de son canard du matin, garanti sans coquille. Une fois l'animal débarrassé de la pointe mortelle, il fut confié à la femme de l'aubergiste pour qu'elle le rôtît.

Lorsque Charles descendit, un parfum de viande grillée lui fit tourner la tête en direction de l'âtre où un enfant actionnait lentement la broche sur laquelle suait le volatile léché par les flammes.

Il s'en approcha, l'oeil pétillant, et tendit la main avec la ferme intention d'en arracher un morceau de peau croustillante, sans rien demander à personne (vieille habitude de monarque).

Son geste fut brutalement interrompu par une vive douleur dans le dos.

– Tu as gagné ma coupe, certes, mais pas ma volaille ! dit posément Nabil en appuyant son épée sur la 29ème vertèbre du pique-assiette.

– Ah ? C'est toi, Débil !

– Nabil !

– Ah, oui ! Ma gueule de bois a fait fourcher ma langue…

– Tu as aussi la langue de bois, me semble-t-il.

– Forcément, l'une ne va pas sans l'autre !

– Et ta tête, elle est aussi en...

– Je te conseille de le laisser en paix, l'interrompit une voix doublée d'une pointe dans le bas de son dos à lui.

– Si j'appuie bien fort, il pourra effectivement ramper ! rétorqua sans se démonter Nabil qui finit par remettre son arme dans le foureau.

Charles, de ce fait libéré, fit tout de même la remarque à son brave compagnon :

– Ta façon de parler comporte des liaisons dangereuses, Pépin, mais je dois reconnaître que ta lame de fond était la bienvenue !

– J'aurais pu lui fendre et lui transpercer le cul ! s'amusa Pépin.

– Par ma mère, cela fut déjà fait ! manifesta l'intéressé.

– Ainsi, ce canard est tien ? s'enquit Charles.

– Aux dernières nouvelles, oui...! Je l'ai tiré d'un trait ce matin, affirma Nabil, brandissant son arc.

– Et tu ne veux pas tirer un trait sur ton festin, n'est-ce pas ?

– Tu parles, Charles ! (On peut supposer que voilà l'origine d'une expression qui fut encore utilisée au XXème siècle). Mais je suis prêt à partager avec vous ! ajouta-t-il.

– C'est généreux de ta part mais, avec mes compagnons, nous sommes quatre, et ton volatile ne me semble pas suffisant à satisfaire notre appétit !

– Voilà de quoi rassasier tout le monde ! s’exclamèrent deux voix enthousiastes derrière leur dos.

Othello et Jonas entraient, tous deux le bras tendu et le poing fermé au bout duquel pendait une paire de poissons.

– Tous frais, de beaux rougets de l’Ill que nous venons de pêcher ! expliqua fièrement le roi d’Eckohn.

– Vous êtes de Massalia ou vous me prenez pour Jésus, rigola bruyamment Charles, ce n’est pas avec cette petite friture sur vos lignes que vous ferez entendre raison à nos estomacs !

– Et c’est pas des rougets, ça, c’est des truites ! fit remarquer Hansegonde venue prendre les bêtes des mains des deux hommes pour s’occuper de leur préparation.

– As-tu vraiment si faim, grand r... Charles ? demanda Pépin à deux doigts de trahir l’anonymat de son souverain.

Nabil ne manqua pas de relever :

– Serais-tu Charles... le Grand ?

– Tu veux dire, le fils du troubadour Michel Le Grand ? Que nenni !... Mais toi, où te rends-tu, et que viens-tu faire par ici ? demanda Charles pour détourner la conversation.

– Je me rends à Aix.

– Dans le sud ?

– Dans le nord, à Oche, si tu préfères !... Comme toi...

– Venant de Reims, ton parcours me semble être un détour !

– Je viens de Rome.

– Ah ? Effectivement, tous les chemins y mènent...

– J’ai préféré passer par la Burgondie, la route est plus aisée que par les montagnes où paissent les vaches violettes...

– Mais pourquoi traverser le Rhin tumultueux par ici ? Tu aurais pu cheminer de l’autre côté des monts de Bel !

– Les montagnes où, selon la légende, on fabrique du « caseus de formage » à partir du lait de vaches rouges, les vaches du diable ? s’enquit Nabil en haussant un sourcil interrogateur.

– Mais non !... De l'autre côté de ces monts-là ! expliqua Charles en pointant les crêtes ballonnées qui bordent la plaine rhénane.

– En fait, je suis venu rendre visite à Hilde... argua Nabil.

– Hilde ? Est-ce ta bien aimée ?

– Non...

– Qui est-elle ? Que fait-elle ?

– Devine.

– Je n'aime pas jouer aux devinettes !

– Oh, elle n'est plus si jeune !

– Peu m'importe son âge ! Je veux savoir ce qu'elle a de particulier... !

– Elle devine !

– Avec toi, tout le monde doit deviner ! Tu es mystérieux, Nabil, s'énerva Charles, circonspect, en posant prudemment sa main sur le manche d'un poignard habilement caché sous sa tunique.

– Elle est devine... Femme devin, si tu comprends mieux !

– Ah, bon ? Là, je te suis.

– Tu vas également chez Hilde ?

– Non. Pas prévu... Mais c'est une idée.... Cela dit, prends garde ! Si elle est accoquinée avec le diable, il peut t'en coûter ! Et elle risque de finir dans les flammes ; la tendance actuelle est à la conversion et les hommes de Dieu font leur loi !

– Des contes pour les simples. Je ne crains rien.

– Tu me sembles plein d'assurance !

– Je suis à la guilde M.A.C.I.F.

– C'est à dire ?

L'homme se pencha vers Charles comme pour donner plus d'importance à ses propos :

– Les Maîtres en Arts du Combat et Indépendants de Foi.

– Oh ? Je ne connaissais pas !

– Tu es où, toi ?

Charles hésita un instant. Il commençait à trouver Nabil habile. Mais après tout, que lui en coûtait-il ? Il n'avait rien à craindre, finalement, il était roi, pas fainéant, et fort de surcroît !

– Je suis au F.L.N. lança-t-il.

– Un franc de lignée noble ! Oho ! Serais-tu un Mérovingien ?

– Non. Notre famille a plutôt eu quelques Pépins....

– Je ne connais qu'un seul Charles dont l'arbre porte des Pépins, c'est...

– Chut ! intima le roi à voix basse. Je suis ici incognito...

– Pourquoi ?

– Les Alamans, les taxes, les autographes... Je veux avoir un peu la paix et prendre du bon temps avant d'aller corriger les Saxons !

– Eh bien, je te propose mes services !

– Toi ? Pour quoi faire ?

– Je suis plus habile à la plume qu'à l'épée, mais je suis saxophone, ça peut servir !

– Oui... Bon... Bah, je ne sais pas...

– Et je t'admire ! Tu as su réunir les territoires et les peuples francs... Et mon petit doigt me dit que tu n'as pas fini...

– Tu mens !

– Quoi ?

– Hier soir, lorsque tu tenais ton gobelet, j'ai pu voir qu'il te manquait le petit doigt !

– Celui de la main droite, oui, mais ma gauche est complète ! argumenta Nabil en montrant sa main pour le prouver.

– Tout de même ! Un doigt ne parle pas ! Me prends-tu pour un niais ?

– Ne t'offusque pas ! C'est une expression de famille... En réalité, je tiens ces prédictions de Hilde... expliqua Nabil.

– Que t'a-t-elle dit sur moi ?

– Que le roi Charles le Magne construira un temple à Oche pour le dieu des Chrétiens et que il deviendra empereur !

– Oho ! Mais d'où tient-elle ces informations ?

– Elle est devine, rappelle-toi !

– Bon ! Ça ne va pas.

– Quoi ?

– Devine !

– Je dois deviner quoi ?

– Voilà ! Tu vois, ça ne va pas ! insista Charles.

– Je ne te suis pas...

– Tu as pourtant déclaré vouloir me servir, non ?

– Bien sûr ! Mais pour la devinette... s'énerva cette fois Nabil en se retenant néanmoins, car il avait affaire au roi.

– La devineresse !

– Hein ?

– Il ne faut plus dire « la devine » mais « la devineresse » ! On dira dorénavant ainsi, pour éviter les malentendus !

– Eh bien ! Tu te mets à réformer la langue franque !

– Mieux ! Je compte m'atteler à la réforme de l'enseignement !

– C'est un travail, sinon de titan, au moins de mammouth ! s'exclama Nabil d'un air enjoué. Les enfants se souviendront de toi et les trouvères du futur te chanteront !

– Je pensais confier la tâche au clergé... Mais cela t'intéresserait-il ?

– Oh, non ! Nabil ne fait pas le moine !

– Peu importe, j'ai d'abord des Saxons à mater... Mais revenons à cette devineresse... Hilde... Pourquoi t'a-t-elle parlé de moi ?

– Je le lui ai demandé !

– Pour quelles raisons ?

– Eh bien, comme je voulais me mettre au service du roi, il m'intéressait de savoir sous quels auspices cela se passerait !

– Tu es décidément malin ! Alors essayons ! Je te propose de faire route avec moi jusqu'à Oche. Mais auparavant, je veux aller voir Hilde. Guide-moi jusqu'à sa demeure.

– Si cela te convient, après le repas, lorsque nous reprendrons le chemin vers le nord, nous ferons un crochet par le Mont-Aux-Vignes qui se trouve de l'autre côté de la rivière, plus en aval...

– Tu as encore soif ?! s'exclama Charles en riant.

– Non, voyons ! C'est près de là-bas, près du trou de la chatte qu'elle habite.

– Le « trou de la chatte » ?

– Une petite grotte percée dans la terre où, dit-on, vit une très vieille chatte sauvage qui ne se laisse approcher que par Hilde et dont elle serait l'inspiratrice...

– Tu piques ma curiosité au vif ! avoua Charles en se lissant la barbe.

Car il possédait effectivement une belle barbe comme l'en attestent maintes gravures le représentant, ce qui indique qu'il était donc fréquemment en déplacement. Trop occupé à chevaucher du nord au sud, d'est en ouest – et inversement – pour maintenir la cohésion de son royaume, les pauses rasage se faisaient, en effet, rares. Par ailleurs, il n'emportait pas de rasoir électrique, appareil inutile à une époque où les prises de courant n'existaient pas. Il avait bien essayé le rasoir jetable, mais cette expérience avait failli lui coûter la vie : il s'était servi de son glaive dans la perspective d'un rendez-vous galant ; une fois l'ouvrage terminé, par distraction, il s'en était débarrassé en le jetant dans l'étang qui lui avait servi de miroir. Or, un peu plus tard, il se retrouva aux prises avec le sarrasin. Un champ de sarrasin. Il l'avait piétiné en coursant la fille du paysan, tel un fougueux damoiseau sentant bon l'après chèvre, comme disaient les Angles. Le père furibard était accouru, le fléau à la main, prêt à inventer le nunchaku. Et à s'en servir. Lui, peu rompu au bâton (hormis dans les conversations) et n'ayant plus de quoi se défendre, avait tout bonnement pris ses jambes à son cou après les avoir ôtées de celui de la demoiselle. C'est vraisemblablement à cette occasion qu'on le surnomma le « magne » en s'esbaudissant dans les chaumières à l'évocation des faits.

Bien entendu, lors de ses pauses, il se la laissait volontiers tailler afin de maintenir sa vigueur (pour les lecteurs distraits, je précise que nous en sommes revenus à sa barbe). Cette barbe qui, après quelques jours de pousse, révélait de belles mèches franchement rousses, n'a laissé aucune trace dans les annales mais fut source de maintes disputes royales. Carloman, son frère, y voyant en substance quelque chose de peu franc dans l'ascendance, ne manquait pas l'occasion de le provoquer, suggérant qu'au partage il faudrait évoquer sans doute la question de légitimité, et que Bertrade, leur mère – en l'absence de Pépin – avait dû fauter en prenant son pied. Peut-être est-ce là l'origine du surnom donné à la dame et non pas les dimensions de ses petons.

La mort de Carloman, sept ans auparavant, avait mis fin à cette guéguerre fratricide, et Charles en avait profité pour récupérer les terres de son frère après avoir laissé ses neveux et sa belle-soeur – qui se plaignait de lombalgies – aller se faire voir chez les Lombards.

*

En début d'après-midi, les cinq compères chevauchèrent pépère vers le repaire de Hilde.

24

Dans la contrée, la rivière s'effilochait en de nombreux bras qu'ils n'eurent aucune peine à franchir en cette saison peu arrosée. Leurs cris et le bruit des sabots soulevant des gerbes d'eau, effarouchaient hérons et canards qui prenaient leur envol dans un vrombissement d'air, tandis qu'un castor courait se blottir dans sa tanière de branchages, et que des loutres plongeaient de la berge.

Les prés bordant le cours d'eau laissaient éclater les couleurs des fleurs sauvages, ce dont ces hommes se foutaient royalement car ils restaient encore un peu barbares, et ce paysage bucolique les émouvait moins que s'ils avaient bu ou des coliques.

Ils marquèrent une pause avant de grimper sur la colline pour s'enfoncer dans les bois de sapins et, quoi qu'ils fissent à l'orée, leurs orifices cois les soulagèrent avant de reprendre le sentier.

Certes, ces descriptions ne font pas avancer l'histoire, mais elles permettent de mieux baigner dans l'ambiance rustique d'une époque où tout était si bio...

Moins d'une demi-heure plus tard, ils approchèrent de leur destination. Nabil leva la main en signe d'arrêt puis, se penchant vers Charles, pointa au loin :

– Tu vois, là-bas, en haut, à cent pas ?

– Cette chose noire sur la branche ?

– La chatte de Hilde...

– Mais je ne vois pas Hilde ! fit remarquer Pépin derrière eux.

– Elle ne grimpe pas sur les arbres, mon puceau, rétorqua Othello en riant.

– Oh, non ! Que ne penses-tu là ? Je ne le suis plus depuis hier !

– Tu veux dire qu'imbibé comme tu l'étais, tu as encore pu venir à bout de la gueuse ?

Tous éclatèrent de rire, leurs exclamations faisant fuir le félin.

– Maintenant Hilde va savoir qu'elle aura de la visite, commenta Nabil.

– Sa chatte, c'est son troisième oeil, fit remarquer Jonas.

– Possible, mais si vous y voyez quelque chose de spirituel, compagnons, je crois que vous vous y mettez le doigt ! conclut Charles en talonnant son destrier pour reprendre la route.

Le sentier qui serpentait sous les pins, finit par mourir dans une clairière moussue formant une cuvette bordée de fougères. Sur l'un des flancs, entre les racines apparentes des arbres, quelques trous de tailles différentes témoignaient de la présence – au moins par le passé – de renards qui avaient dû creuser leurs terriers avant de les abandonner au profit, semblait-il, de la chatte de Hilde.

Cette dernière habitait une cabane – non, une maison, tout de même, car le toit de branchages reposait sur des murs en pierre – bâtie juste à côté. Des orties qui bordaient la demeure, une partie avait été fraîchement récoltée pour la soupe. Accroché à une branche basse de hêtre, un lièvre dépecé augurait d'un prochain civet... ou quelque autre plat de l'époque.

Hilde se tenait sur le pas de la porte, regardant d'un oeil les cavaliers garer leur monture en nouant les rênes autour de troncs d'arbres.

Charles s'approcha.

– Tu ne vois que d'un oeil ?

– Forcément, l'autre est fermé !

– Que t'est-il arrivé ?

– Approchez, je vais vous le dire.

Charles s'avança.

– Encore un peu... Voilà, reprit Hilde en ouvrant le deuxième oeil. J'étais éblouie par le soleil. Là, c'est mieux, vous me faites de l'ombre.

– Dans ce cas, tu vois maintenant qui je suis ?

– Bien sûr, je suis voyante !

– Alors ?

– Charles !

– C'est vague ! Charles quoi ? Martel ? Quint ? VIII ? X ?

– Pourquoi pas Aznavour, tant que tu y es ?

– « Aznavour » n'est pas un numéro.

– Je sais, ça m'est venu comme ça... C'est lié à mes visions...

– Justement, à ce propos, que sais-tu de moi... de mon avenir... ?

– Le Magne, Je préfère en parler entre quat' -z- yeux...

– Je vais demander à deux de mes compagnons de nous regarder...

– Non, justement !

– Mais...

– Nos quat'-z-yeux à nous, le coupa-t-elle. Viens...

– Tu tutoies ton roi ? s'exclama Jonas.

– Tutoie mon quoi ? Tutoie mon tout, mon roi... Je connais la chanson !... Et Charles aussi, je le connais, comme si je l'avais fait ! rétorqua Hilde avec insolence.

– Tout va bien, compagnons ! Faites une pause, le temps que j'aille m'entretenir avec Hilde, commanda Charles.

Puis il reprit à l'attention de Hilde :

– Ici, les murs ont des oreilles...

– Mieux vaut faire une petite promenade, proposa Hilde en ajoutant : mais pas dans les fourrés !

– Je n'y comptais pas.

– Qui sait ? Tu as la réputation d'être homme prompt à faire allonger les damoiselles dans les prés au prétexte de leur faire compter les fleurettes ! (Notons au passage que là est peut-être l'origine de la fameuse expression « conter fleurette », passée par l'entremise des Normands dans la langue Anglaise pour donner « flirt »)

– Je ne peux pas te donner tort, mais j'ai, pour l'heure, d'autres centres d'intérêt.

– Sache quand même, à ce propos, que ta nuit avec Hansegonde risque d'avoir des effets dans neuf mois...

– Oh !? Elle trouvera bien un père au bébé, si nécessaire...

– Un enfant royal, et même plus... que tu négliges !

– Moi-même, je dois avoir des frères et soeurs que je ne connais pas... Mais... qu'entends-tu exactement par « et plus » ?

– Asseyons-nous ici, je vais te raconter, dit Hilde en indiquant une grosse pierre aplatie reposant dans les feuilles mortes, d'où l'on apercevait les prés et les champs en contrebas, autour du petit bourg.

– Curieuse forme que ce roc ! On dirait qu'un visage tirant la langue y a été taillé, s'étonna Charles en considérant la surface de la roche

– On dit qu'elle date d'avant les Celtes... Je l'appelle Klapperstei. Je viens habituellement m'asseoir en ce lieu pour faire mes révélations.

– Tu as intérêt qu'elles soient vraies, sinon je t'enchaînerai à cette pierre ! prévint le Magne.

Etrangement, quelques siècles plus tard, on entretint dans ce bourg – devenu Mülhausen – une coutume très misogyne assez proche du châtiment promis par Charles.

Tous deux s'assirent sur l'ovale gréseux, Hilde choisissant l'emplacement de la langue, et restèrent un instant cois pour admirer la vue dégagée – néanmoins indiscrète – sur la vie en contrebas.

Charles, soudain, se mit à sourire et commenta :

– C'est la saison des amours ! Regarde : ici, un mouton à la laine fraîche prend une brebis galeuse, et là, ces deux jeunes tourtereaux en levrette...

– C'est le berger alaman avec la petite cochonne d'Inde, la fille du tisserand. Je prédis un bel avenir au textile et aux Indiennes dans la région, annonça Hilde, le regard fixe.

– Pourquoi une cochonne ? Cela m'a l'air plaisant, ce qu'elle fait... et de son âge...!

– Car elle a 19 ans.

– D'après toi, toutes les filles de 19 ans sont des cochonnes ?

– Cette année, oui.

– Et l'année dernière ?

– Des chiennes !

– Tu es étrange...

– Ce n'est pas ce que tu crois. C'est l'animal correspondant à leur année de naissance, selon la coutume de son pays.

– À chaque année correspond un animal ? Alors, pour moi, lequel est-ce ?

– Si on convient que tu as 36 ans, tu es un cheval.

– Oh !? Noble animal, s'il en est ! Cela me plait ! s'exclama le roi, pas peu fier.

– Mais, dis-moi, cette petite d'Inde, comment a-t-elle pu échouer ici ?

– Les suites d'une galère...

– Elles ne naviguent pas sur les fleuves !

– C'est une expression, je ne veux pas te mener en bateau !

– Tu navigues aussi ?

– Non... Ne cherche pas à comprendre, c'est une façon de parler en rapport avec mes visions...

– Justement, cela vient fort à propos. Je suis ici pour t'entendre conter de tes songes. Surtout à mon sujet. Parle ! ordonna Charles en se tournant vers Hilde.

– Voici : depuis que je loge en ces lieux, j'ai d'étranges visions durant la nuit...

– Serais-tu nyctalope ?

– Non...

– Narcophage ?

– Non...

– Noctambule ? Somnambule ?...

– Mais non ! Cesse donc de m'interrompre sinon on n'y arrivera jamais ! s'impatienta Hilde.

Puis elle reprit :

– En fait, j'ai la vision de choses qui se passent dans une douzaine de siècles, dans l'avenir...

– 12 siècles ! Tu es sûre ?

– Oui... Même un peu plus.

– Comment peux-tu être si précise ?

– « Ils » disent la date...

– Qui ça, « ils » ?

– À la radio.

– La radio ? C'est quoi, ça ?

– Je ne sais pas vraiment... Un endroit où des gens parlent et chantent...

– Et tu entends leur langue ?

– Les premières fois, non. Petit à petit, par je ne sais quel enchantement, j'ai commencé à comprendre...

– La puissance divine !

– Bah ! Tu y crois ?

– N...oui ! Souviens-toi de Clovis !

– Le roi des Francs, pas Cornillac ?...

– Evidemment ! Chlodweg ! Il a gagné contre...

– Chut ! Ici, il a laissé de mauvais souvenirs !...

– Et alors, c'est le royaume des Francs, maintenant ! Je disais qu'il a vaincu les Alamans grâce à Dieu, voilà pourquoi il s'est fait baptiser par Rémi ! Et ses descendants aussi !

– Oui, bof...

– Si, si ! J'insiste !

– Bon, d'accord, admit Hilde, prudente.

Elle savait qu'il était préférable de ne pas se mettre le roi sur le dos. Au sens figuré comme au sens propre, d'ailleurs ; avec toutes ces affaires dans lesquelles il trempait... En plus il était, ici, un puissant. Au sens figuré. Voire, qui sait, au sens propre aussi. Non, ce serait contradictoire... Passons.

– Alors, Hilde ! Poursuis !

Elle prit un air grave comme un accent :

– Avant tout, encore une chose : je dois te parler de ta coupe...

– Quoi, ma coupe ? J'ai toujours la même tignasse !

– Celle accrochée à ta selle.

– Mes poils du cul ? s'étonna encore Charles dans un langage familier, néanmoins normal à une époque où les rois ne se la pétaient pas encore.

– La coupe à boire, en fer, que tu as attachée à ton cheval, voyons !

– Ah !... Alors ?

– D'où la tiens-tu ?

– Une joute avec Nabil...

Hilde haussa les sourcils.

– Prends garde ! Il sait peut-être...

– Quoi ?

Elle marqua un silence, puis annonça :

– C'est un morceau du vase de Soissons.

– Que dis-tu là ? s'exclama Charles, abasourdi.

– Après avoir récupéré le vase cabossé auprès de Clovis, Rémi l'avait fait refondre pour en tirer 3 coupes. Selon la légende, chacune d'elle contient un clou... ayant servi à crucifier Jésus !

Charles laissa résonner ces derniers mots puis, après réflexion, reprit :

– À priori, il fut mal cloué puisqu'il s'est décroché !

– En tous cas, son histoire est bien utile au pouvoir, non ?

– Certes... Mais encore ?

– Il parait qu'en réunissant les 3 coupes avec leur clou, on devient... très puissant...

– Ah ? Intéressant ! Mais les nombreuses femmes que j'ai honorées pourraient témoigner qu'il ne m'est point besoin d'artifice...

– Charles !

– Je plaisantais...

Ils restèrent un instant silencieux, Charles évaluant la portée de ces révélations.

N'ayant pas que ça à faire (elle avait un civet à préparer), Hilde reprit :

– Bon, tu vas entendre ce que j'ai vu. Je vais entrer dans une transe...

– De la musique ?

– De spirite ! Sois attentif ! Tu seras surpris d'entendre des choses étranges et je parlerai avec des voix différentes, mais ce qui te concerne, tu le distingueras, termina Hilde avant de fermer les yeux.

Elle demeura un instant calme puis, soudain, ses paupières s'ouvrirent, laissant apparaître des globes oculaires défleuris (dépourvus d'iris). La pupille, dans cet état, semblait avoir également disparu. Comme elle l'avait prédit, Charles fut surpris. C'est dire si elle était douée.

*

Nous voici maintenant arrivés à un moment interactif du récit que les habitués connaissent : vous avez la possibilité, soit de poursuivre la lecture normalement et prendre connaissance des visions de Hilde, ou bien de sauter le passage et reprendre au chapitre suivant, sans que vous y perdiez en compréhension de l'histoire... sauf si vous ne savez pas grand chose sur Charlemagne... Et encore !

... Demain nous retrouverons Aude Van Delle pour « Rien n'est son pareil » avec un nouvel invité. En attendant et sans plus attendre, notre émission « Squizz Me » toujours présentée par Anselme Abel.

Applaudissements

Jingle musical –

Pub –
– Allô, patron ? Je suis chez Middle. Eh ben, ils ont les croquettes pour matou..
– Tu tousses ?
– Non, pour matou, le chat, quoi. Eh ben, le paquet de 750g +245g offerts à 8,99 euros !
– 8,99 euros le paquet de 750g +245g offerts ?
– Oui, même pas 9 euros au kilo ! Et c'est pas tout...
– Le matou s'appelle Patou ?
– Non, c'est pas tout, il y encore plus ! Pour l'achat de 10 paquets, 1 ciseau de castration offert !
– Ah, on est mâle, là.
– Ho oui, ça va faire mal !

Jingle –
Il n'y a pas que les clés d'ut qui ouvrent les portes de la musique. Restez sur Cerumen FM !

Anselme Abel – Bonjour à tous ! Voici 'Squizz me' votre demi-heure quotidienne de culture générale.… 2 ans aujourd'hui, comme votre petit Aaron, n'est-ce pas, Méli ?

Mélissandre D'Anlurne – Exact, Anselme !

AM – Et, comme à l'accoutumée, nous recevons aujourd'hui deux candidats triés au sort pour des questions diverses et variées de la plus difficile à la plus con…

Applaudissements.

Alors voici tout d'abord : Tess Inglé. Bonjour Tess !

Tess Inglé – Bonjour Anselme.

AM – Vous venez de ?

TI – Kaysersberg, dans le Haut Rhin… Un beau petit village...

AM – Et je vois que votre Bas-Reins a aussi un beau petit visage, ha ha ha !...Voulez-vous dire un petit coucou ?

TI – Non.

AM – Alors… Vous êtes mariée…

TI – Non, divorcée.

AM – Ah ! Ma fiche est inexacte, alors...

TI – J'ai divorcé entre temps.

AM – Il ne sait pas ce qu'il perd ! Et vous avez donc 2 enfants...

TI – Non.

AM – Vous les avez perdus ?

TI – J'en ai eu un troisième !

AM – Si vite !?

TI – Mon ex-mari me l'avait fait avant de partir.

AM – Bon, il vous a laissé un souvenir, quoi… OK... Eh bien, passons à notre deuxième candidat : Caïn Soluble. Bonjour !

CS – Bonjour !

AM – Vous venez de Constance qui se trouve... ?

CS – Sur la carte...

AM – Exactement ! On se doutait que ce n'était pas le nom de votre mère ! Et qu'avez-vous à nous dire sur Constance ?

CS – C'est une belle petite ville au bord d'un grand lac que les Allemands nomment « Bodensee »...

AM – Car il faut préciser que Constance est en Allemagne, pien zur ! Ha ha ha !

CS – La ville est frontalière avec la Suisse et, si l'on fait le tour du lac, on passe aussi en Autriche. Et, sur la rive en face de Constance, se trouve Ludwigshafen, la célèbre ville ou est né le Zeppelin.

AM – Un fameux groupe des années 70 !

CS – Oui. Mais là, je parle du dirigeable qui a pris feu...

AM – Ah oui... Tandis que le groupe, lui, mettait plutôt le feu aux joints ! Ha ha ha!... Bon, sinon, vous êtes célibataire ?

CS – Oui...

AM – Ahaa ! Comme votre adversaire, Tess, semble aussi seule, il y a peut-être là, matière à former un nouveau couple !...

TI – Bon, je ne suis pas pressée. Et faut encore voir comment il baise...

CS – J'allais en dire autant !

AM – Voilà ! Déjà un point qui vous rapproche ! Bon, allez, passons au quiz !

Jingle musical –

AM – Alors, comme vous le savez, dans la nouvelle formule de « Squizz Me », les questions sont basées sur un thème tiré au sort. Il s'agit aujourd'hui d'Histoire de France et, plus précisément, nous allons aborder le premier millénaire. Ça vous parle ?

TI – Bof...

CS – Pas plus que ça....

AM – Très bien ! Vous partez ainsi sur un pied d'égalité !... Alors, première question : un célèbre chef unifia les tribus Celtes établies sur notre territoire pour résister et lutter contre l'envahisseur. S'agissait-il de De Gaulle, d'Abraracoucix ou de Vercingétorix ?

TI – Vercingétorix !

AM – Braavoooo Tess ! Exact ! Vous n'êtes pas tombée dans le piège ! 1 point pour Tess... Deuxième question...: Après l'invasion romaine, ce fut le tour des peuples barbares venus de l'Est. S'agissait-il des Markks, des Heuraux, des Francs ?

TI – Des Francs !

AM – Tout juste, Tess ! Un deuxième point ! Alors, Cain, que se passe-t-il ?

CS – Je suis pas assez rapide. Je connaissais la réponse...

AM – Tout n'est pas perdu, nous en sommes seulement à la troisième question... que voici : un célèbre roi franc fracassa le crâne de l'un de ses guerriers qui manquait d'ouverture d'esprit, en termes de partage...

CS – Clouvis !

AM – Il n'était pas quincaillier...

TI – Clovis !

AM – Exact, mais je n'ai pas encore posé la question qui est celle-ci : quel était l'objet du litige ?

CS – Une vasque de poissons ?

AM – Presque...

TI – Le vase de Soissons ?

AM – Exaaaact ! Et non *la* vase de Soissons comme j'ai entendu dans le public. Ils y aurait d'ailleurs pataugé avec toute la flotte qu'il y a par là-bas. Et, si j'en crois Pierre Kub – notre savant maison – trois siècles plus tard, Pépin Accraché – un fidèle compagnon de Charlemagne, missionné par ce dernier pour aller y voir ce qui s'y passe – aurait dit : « *Je me promènerai dans Soissons à rames, comme un haricot* » Bon, allez, 3-0 pour Tess ! Question suivante… Caïn, il faudrait songer à marquer des points !... Voici la question 4 : les successeurs de Clovis n'eurent pas le même prestige que lui, puisqu'ils pensaient plus à profiter de leur situation que de s'occuper des affaires du royaume – comme nos hommes politiques actuels, non ? – Comment les surnomma-t-on, au naturel : les rois glandeurs, les rois fainéants, les rois de la sieste ?

CS – Les rois fainéants !

AM – Bravo Caïn ! Là, vous avez été réactif ! Et vous avez répondu juste ! Le score revient à 3 à 1, toujours pour Tess... Allez ! Question numéro 5 : en quelle année Charlemagne est-il devenu seul roi des Francs ?

TI – Ça, je sais, je l'ai retenu en classe car les chiffres correspondent à ceux des départements Alsaciens : 768 !

AM – Et vous, Caïn, que répondez-vous ?

CS – Aucune idée.

AM – Eh bien, ce n'est pas exact !

TI – Vous voulez dire que c'est faux ?

AM – C'est juste.

TI – Ah ! J'me disais aussi...

AM – Ne vous méprenez pas ! Je disais juste que c'est juste que c'est faux !

TI – Comment ça ?

AM – Vous n'avez pas fait attention ! J'ai dit « *seul* roi des Francs ». En 768, il partageait le trône avec son frère Carloman qui est mort en 771. Ce n'est qu'à partir de ce moment-là que Charlemagne trôna seul... Bon, allez, zéro point pour chacun... Et on se retrouve tout de suite sur Cerumen FM, après ça...

Applaudissements

Jingle musical –

Annonce–
Ce soir, sur « Humeur vitrée », la chaîne télé du groupe, deux épisodes de Happy Rotter, pour le prix d'un : « Le Désordre du Pénis » suivi de : « Le Parc des Princes sans mêlée »

Jingle musical –

MD – Et on se retrouve avec Anselme Abel dans 'Squizz Me', en compagnie de nos deux candidats, Tess et Caïn !

AM – Alors, nous en étions à la question numéro 6... Voyons ma tablette... Ah ! Elle ne fonctionne plus... Quelqu'un peut m'en passer une autre ?... Non ? Bon, alors, on fait quoi ?... Ah ! Vous m'avez imprimé ça... Formidable !... Le papier ! C'est quand même ce qui se fait de mieux, non ? Pas besoin de recharger, on peut l'emporter partout, s'il tombe, il ne se casse pas... Donc, voici la question : qui était Abul Abbas ?

TI – Le frère de Bart...?

AM – Bart Simpson ?

TI – Ben, non ! Bart Abas !

AM – Du cirque ?

TI – Ouououi...

AM – Je rappelle que les questions du jeu portent aujourd'hui sur l'Histoire de France !

CS – Un terroriste, je dirais...

AM – Non, ça c'est Abou Nidal, voyons ! Bon, allez, réponses fausses pour tous les deux.... Question numéro… 7 !

CS – Et alors, la bonne réponse pour Abul Abbas ?

AM – Un éléphant blanc offert à Charlemagne par le sultan de Bagdad !

CS – Évidemment, on aurait dû le savoir...

AM – Eh oui... Aujourd'hui, vous n'êtes pas forts, les candidats, hein ? Pas grave. Continuons… Question suivante... Facile, celle-ci...: En quelle année Charlemagne est-il devenu empereur ?

CS, TI – 800 !

AM – Bravo à tous les deux ! On en est donc à 4 points pour Tess et 2 pour Caïn... Attention, Caïn, si à la prochaine question vous ne prenez pas le point, ce sera Tess qui sera déclarée gagnante ! ... Alors... Qui a succédé à Charlemagne sur le trône ?

CS – Son fils !

TI – Louis !

AM – Vous dites ça au pif ?

TI, CS – Oui...

AM – Eh bien, je dois vous dire que vous avez tous les deux raison...

CS – Yessss !

AM – Mais Tess a été plus précise ! Evidemment, que le successeur était un garçon, donc un fils, mais son nom, c'était Louis, et il porta le numéro 1 de la série !
C'est donc Tess la gagnante de ce jour ! Elle viendra en finale, vendredi, pour tenter de gagner le voyage pour deux

Applaudissements bien forts

Jingle –
Cerumen FM, la radio qui t'ouvre les yeux !

AM – Et maintenant, la dernière minute en compagnie de notre Maître Kub maison ; c'est lui qui élabore les questions de notre jeu, et qui sévit également le dimanche matin dans « Bruno Cuit Bruno Cru » ; il nous rejoint donc pour son « Dico du Kub ». Bonjour Pierre !
PK – Bonjour à tous !
AM – Quel est donc votre définition du jour ?
PK – Il s'agit aujourd'hui d'un proverbe qui s'adresse à nos amis du Canada, à propos du mot « PQ ». Ces deux lettres sont en fait les initiales et le sigle du Parti Québécois. Et donc, sans qu'il puisse y avoir d'idée politique sous-jacente, il existe un proverbe qui dit « Ce n'est pas parce qu'on adhère au PQ qu'on doit être pris pour une merde ».

II

« ...l'homme qui murmurait à l'oreille des 2CV »
(A. Joux)

Le roi et ses compagnons chevauchaient allègrement vers le nord-est. Ils n'avaient pas de boussole, mais quelque chose leur disait qu'ils allaient dans la bonne direction. Quoi ? La mousse aux pieds des arbres ? Non, croyez-moi ; j'ai déjà essayé ce truc mais ça n'a rien donné : de la mousse, il y en a partout… Et même si l'on fait rouler les canettes (puisque bière qui roule...). Ben, alors quoi ?... Ah, oui : le soleil, pardi ! Il avait dépassé mi-course depuis un long moment ; bientôt il plongerait vers les Monts de Bel en enflammant le ciel.

Charles avait hâte de retrouver son Aix, Hildegarde et ses enfants. Dans son esprit, il se refaisait le film des paroles de la devineresse : « Après tout, elle est maligne, la Hilde : en fait de prédictions, elle a surtout parlé du passé ! Et pour l'avenir, moi, empereur et bâtisseur d'une église en ma capitale ? Ce ne sont que flatteries.... Mais, d'un autre côté... Pourquoi pas ?... »

Leur route longeait l'Ill avant d'obliquer vers le Palatinat. Ils connaissaient déjà cette sente datant des

Celtes, qu'empruntaient depuis belle lurette plus d'un gai luron. Et des tristes sires aussi. En chemin, ils passeraient par Strateburgum où le roi devait retrouver un groupe de ses hommes malins et fidèles qu'il avait envoyés faire un détour par la rebelle Soissons, y patauger dans la vase de ses innombrables étangs à la pêche aux informations.

Mais, pour l'heure, ils en étaient encore loin et, avant que la nuit ne s'installât, les chevaliers voulaient avoir atteint le petit bourg, près de la rivière.

Il y avait là-bas une auberge de bonne réputation, non pour ses belles chairs, mais pour sa bonne chère toutefois un peu chère (comme on dit à Massalia), et fréquentée en conséquence.

On y rencontrait toutes sortes de sires, tristes, comme on vous l'a déjà dit, ou gais (quelquefois même avec un i grec) ; on pouvait y côtoyer marquis, roitelets et autres drôles d'oiseaux. Les gens simples – un tantinet jaloux – appelaient ce genre de lieux huppés des « trous à ducs » (de « trou » qui signifie « lieu de perdition » et « duc » qui désigne un dirigeant, toutefois plus éminent qu'un chef barbare).

Le groupe atteignit ladite auberge, juste avant la tombée de la nuit.

Inutile ici, pour Charles, de songer à venir incognito ; dès son entrée, il fut reconnu et apostrophé joyeusement dans les divers accents qui se retrouvaient autour des tables garnies :

– Oh, Karol, mon roi ! Toujours aussi rock 'n' roll ? (De « Rock und Rolle » : « jupe et roule » en vieux germain, pour qualifier le bon vivant, le libertin).

– Et toi, toujours aussi spirituel, Gogaul ! rétorqua le monarque en lui frappant l'épaule.

– Le Magnum ! Comment de portes-tu donc, le brave ?

– Magnus ! Voyons, rectifia Charles, je ne suis pas de glace, Olaf !

– Mais déjà pas mal de bouteille, à ce qu'on dit.

– Ce con dit beaucoup de choses, sais-tu, l'ami !

Quelque curieux voulut lui demander encore :

– Et ton expédition dans le sud ? Les Ibères, sont-ils libérés ?

– Notre grand roi, qu'un long voyage a éreinté, souhaite se reposer et se restaurer ! coupa l'aubergiste en emmenant les cinq hommes dans une autre pièce où flottait l'odeur de pomme caractéristique d'une fraîche compote.

– Venez, compères, déguster cette popote ! dit Charles en faisant signe aux autres de s'asseoir.

– Il y a de l'aigre chou au menu, ce soir, avec sa viande fumée et son blanc à boire ! annonça le grand queux au groupe salivant.

– Médois, connaissais-tu ce lieu, auparavant ? demanda Jonas, roi d'Eckohn, en s'installant.

– Il est vrai que j'en avais entendu parler, mais je n'y avais pas encore mis les pieds.

– Tu vas voir, Nabil, qu'on y fait bonne ripaille. Je tiens cette adresse d'un certain Montmirail, soudain apparu au hasard d'une bataille... commença d'Upastis en ôtant son chandail.

La conversation fut interrompue par l'arrivée des plats qui ravit la petite clique.

Pendant le repas, Charles tenta d'en savoir un peu plus sur Nabil ; les commentaires de Hilde et l'empressement de ce mercenaire à se mettre à son service n'étant pas faits pour le rassurer.

– Dis-moi, cher Nabil, que cherches-tu en m'accompagnant ?

– À être de ceux qui écrivent l'Histoire...

– Penses-tu être un grand combattant ?

– Plutôt un petit courbatu...

– Un stratège ?

– Sans stratagème...

– Te sens-tu l'âme d'un conquérant ?

– Je n'ai ramassé qu'une conque errante...

– Dans ce cas, chantes-tu ? Danses-tu ? Peins-tu ? persista Charles. Que fais-tu de paille ?

– Sire Othello d'Upastis !? demanda l'aubergiste à la tablée.

– Oui ?

– Un faune vous demande...

– J'arrive ! lança l'intéressé en se levant.

– Aubergiste ! Une paille ! héla Pépin.

– Y en a une dans vos cheveux !

Pépin fourragea dans sa tignasse et y découvrit effectivement un fétu, certainement un reliquat de la nuit précédente.

– Que veux-tu en faire ? demanda Charles, amusé.

– Siroter l'eau de vie.

– Curieuse façon de boire ! s'étonna Jonas.

– Revenons à toi, reprit le roi en s'adressant à Nabil.

– En fait, je souhaite me joindre à celui qui bâtira le nouvel Empire d'Occident, mais pas exactement pour me battre à ses côtés, car je serai plutôt à l'arrière garde, puisque je suis scribe.

– Ah ?

– Oui, je relève, je relate les évènements et les phrases qui doivent devenir célèbres, afin de transmettre ces récits à la postérité.

– Et tu penses hériter du poste ?

– J'espère !

– Mais, qui te dit que ce que je ferai sera célèbre ?

– Ben, on parle encore de Clovis, alors de toi, tu penses bien...!

– Tu crois aux prédictions de Hilde, toi, non ?

– Oui.

– Bon, admettons. Alors, tu as l'intention de conter mes exploits ?

– À la plume et à l'encre que j'ai ramenée d'Extrême-Orient...

– Oho ! Tu es un grand voyageur !

– Oui... Je suis allé au-delà du pays des Vikings, tirer le phoque, et jusqu'au pays Cham qui ne connaît point de source d'eau tarie ; plus au nord, j'ai rencontré des moines qui faisaient fondre la neige autour d'eux...

– Ils ont cherché à te fourvoyer !

– Non c'étaient des bonzes amis... Ensuite, j'ai longuement galéré sur la Mare Nostrum, accosté à Constantinople où j'ai protégé une belle créature venue de Numidie et qui avait échappé à un marchand d'esclaves en plongeant dans le Bosphore...

– Quel courage !

– Les femmes numides ne sont pas des poules mouillées !

– Mais, avec toutes tes pérégrinations, intervint le roi d'Eckohn, as-tu gardé ta foi ? L'as-tu ? Est-tu chrétien ?

– Quelle importance, Blondas ? demanda Nabil, un brin agacé par le sujet.

– Jonas, pas Blondas !

– Excuse-moi, roi des Bonnes...

– D'Eckohn, pas des Bonnes.

– Qui déconne ?

– Cherches-tu le combat ? demanda Jonas qui commençait à s'énerver.

Charlemagne intervint pour calmer ses compagnons, car il voulait en savoir un peu plus avant d'éventuellement occire Nabil :

– Voyons ! Nous sommes un peu fatigués, les amis, prenons donc encore une gorgée de vin et allons nous coucher ! ordonna le roi des Francs que la persistance de Nabil à ne pas répondre intriguait toutefois.

Il ajouta encore :

– Il faudra que tu me montres ce que tu as déjà écrit, scribe !

– Cela sera fait.

– Ça tombe bien ! Je suis amateur de la chose écrite et je veux développer cela dans mon royaume car si « Karol s'envole, les aigris restent » et les troubles ressurgissent (cette citation, rapportée par Nabil et répétée à Eginhard qui ne l'a pas retenue dans ses oeuvres, semble être à l'origine d'un proverbe connu). Voilà pourquoi j'ai décidé que nous ferons justement une halte à Herstal avant de nous rendre à Aix ; je dois y écrire quelque capitulaire capital. Capito ?

– Au Capitole ?

– En mon palais... D'ailleurs je te charge de le rédiger tandis que je te le dicterai... Mais connais-tu le latin, au moins ?

– Oui, bien sûr !

– Exemple ?

– Euh... voyons, que dire... Eurêka !...

– Cherches-tu à me leurrer ? Ce n'est même pas du latin de cuisine, ça, c'est du grec de baignoire !

– Je voulais dire que j'ai trouvé...

– Dans ce cas, Eckohn, ben, dis !

– Là, je dois manifester mon désaccord. Je sais que tu as une préférence pour les Germains mais je ne suis pas Eckohn ! protesta Nabil.

– Oui, bon, c'est la fatigue, on va pas refaire 68, non ! Fais pas ton Vindex !

– Hoquet... Alors voilà : « Verba volant, scripta manent ».

– Ha oui, pas mal. C'est à peu près ce que j'ai dit tantôt... Bien, bien ; tu noteras cela.

– J'y comptais !

– Très bien ! Tu es engagé.

*

Le petit groupe atteignit Strateburgum le surlendemain, à l'aube. Ils avaient parcouru la distance rapidement en utilisant plusieurs chevaux. Ne possédant ni quadriges ni 2CV, ils avaient à maintes reprises changé de destrier en cours de route, contrairement à Zorro qui cavale toujours sur son inséparable pur-sang noir nommé Tornado (comme mon aspirateur). Les plus rapides, tatoués CMXI, ils les avaient dénichés sous un porche, chez un vigneron qui en faisait location. Durant leur galop nocturne, un éclair les avait incités à la prudence, annonçant l'orage et les ténèbres d'une pleine lune occultée par les nuages. Ils avaient passé la nuit sous les arbres, finalement épargnés par la menace céleste.

Strateburgum, cité à la croisée des routes du royaume Franc, plaisait à Charles ; il avait un moment songé à en faire sa capitale mais il ne la considérait pas comme suffisamment sûre et doutait qu'on puisse y construire une cathédrale.

Elle intégrait anciennement le patrimoine des Etichonides, famille mérovingienne alliée qui s'était occupée de contenir les velléités des Alamans sur la région – rendant ainsi bien service aux rois francs – après quoi, ces derniers avaient annexé le duché d'Alsace au domaine royal... Or, quelques irréductibles autochtones de langue alémanique manifestaient encore et toujours une volonté d'autonomie, d'autant que, ces derniers siècles, les Francs ne les avaient pas laissé outrepasser les Monts de Bel pour étendre leur territoire, sans quoi ils auraient certainement poussé jusqu'à Reims, et le Champagne serait maintenant alsacien ! Imaginez : une immense région s'étirant de Strasbourg à Reims, et de culture alémanique ! Impensable ! Déjà que, depuis Clovis, une lignée de Pépins et de Charles s'était employée à agrandir les possessions franques, ce n'était pas pour se laisser enquiquiner par une poignée de mangeurs de chou au porc fumé.

Charles trouvait donc préférable de rester en bons termes avec la famille des anciens ducs, tant que les Saxons lui donnaient du fil à retordre... Aujourd'hui, ils seraient d'ailleurs hébergés dans l'abbaye de Hohenburg, fondée par Odile, fille d'Etichon qui, loin d'être un cornichon, devait être porté sur le tire-bouchon tant il avait un caractère de cochon. Si si ! Tiens : il avait voulu un garçon et ce fut une fille (ladite Odile), aveugle de surcroît. Ne voyant pas d'avenir pour elle, il avait cherché à lui faire la peau. Sauvée et miraculée, selon la légende, elle fut à l'origine de cette abbaye.

On relèvera que c'était vraiment une manie, à l'époque, d'élever des édifices religieux. Mais aussi une tactique ingénieuse pour asservir le peuple en lui faisant croire qu'il aurait une vie meilleure après la mort. Les chefs et rois, notamment depuis Clovis, approuvaient officiellement ces pratiques dont ils étaient quelquefois à l'initiative, et s'alliaient le clergé. Officieusement cependant, ils croyaient plutôt en la force de leurs bras, de leur esprit et de leur bas-ventre, au grand regret des ecclésiastiques qui, eux, vantaient la force de Dieu, tout en se souciant davantage de celle de leur esprit, de leur bas-ventre et, accessoirement, de leur bras.

Charles avait opté pour ce lieu – alors qu'il disposait d'un palais bien à lui – car il y avait, par discrétion, donné rendez-vous à ses deux envoyés voir ce qui se tramait en Bavière.

On l'attendait évidemment à Strateburgum où il viendrait le lendemain, le temps de faire une courte halte et récupérer ses troupes avant de reprendre la route d'Aix.

L'après midi, Charles et ses compagnons firent un tour à la chapelle où quelques nonnes s'appliquaient à laver Maria dans un profond silence même si Jésus-Christ. Ils s'agenouillèrent pour y prier, car il fallait être exemplaire... Ceci accompli, ils allèrent visiter les malades et les nécessiteux à l'hospice, la grande oeuvre d'Odile, remettant quelques piécettes de-ci de-là et une belle bourse entre les mains de l'intendante ravie et rougissante.

Plus tard, Charles se retira dans une annexe, puis de la lavandière qui s'y était imprudemment attardée, après quoi il eut une entrevue avec ses émissaires revenus de Bavière.

— Quoi de neuf chez les Bavarois ? demanda le souverain.

— Ça a pas été du gâteau... commença l'un.

— On en a bavé... rajouta l'autre.

— Oui, vous avez dû forcer à mort sur l'eau de vie, quoi !

— On doit sacrifier aux traditions si on veut être accepté et glaner des informations... expliqua le premier.

— Bon, alors !?

— Tassilon s'agite et commence à vouloir en faire à sa tête...

— C'est-à-dire ?

— Il veut produire sa propre cervoise, expliqua l'un.

— Impossible. Je vais avoir toutes les abbayes des Flandres sur le dos. Elles n'ont déjà que ça...

— Et les moules...! fit remarquer l'autre.

— Mais les moules sans les frites, c'est pas terrible. Et il faut encore attendre 1000 ans avant que Parmentier nous fasse bouffer les patates ! Je ne peux pas le laisser faire.

— C'est quoi, des patates ?

— Vous êtes de sacrés ignorants ! Qu'est ce qu'on vous a enseigné à l'école ?

— On n'y a pas été.

— Ah, oui, c'est vrai ! se rappela Charles. Puis il se tourna vers Nabil. Note, de Médois : je compte créer des écoles supérieures pour chefs et ducs... Pour commencer, Sciences Po, où l'on enseignera la culture des plantes potagères et l'École Noble d'Austrasie où sera enseignée la solidarité entre chefs pour rester parmi les privilégiés du royaume.

Sur ces mots, la porte s'ouvrit.

– Qu’y a-t-il, l’abbé ?

– Quelqu’un souhaite vous voir.

– Qu’il attende !

– C’est une femme...

– Qu’elle entre !

L’abbé Canne s’effaça pour laisser le passage à une femme aux cheveux roux partiellement teintés de bleu violacé, vêtue comme un homme, et portant une épée à la ceinture.

– Qui est-tu ?

– Je suis Mesch, la Rebelle.

– Avec quoi as-tu teinté ta chevelure ?

– Avec du jus de myrtilles.

– Merci pour le renseignement, je saurai te récompenser tout à l’heure. Va te restaurer et choisir une couche confortable.

– Je ne suis pas venue pour ça !

– Que veux-tu alors ?

– Te parler des Saxons.

– Qu’as-tu à m’apprendre ?

– Ils se soulèvent contre les Francs.

– Je sais.

– C’est Widukind qui les fédère.

– Je m’en doute.

– Il n’a pas digéré ton coup de l’incendie d’Irminsul.

– Un frêne, un simple arbre...

– Mais sacré.

– Ils ne connaissent pas Dieu !

– Ils s’en tapent.

– Sache que je les convertirai, dussé-je les massacrer !

– Oh, mon roi ! intervint l’abbé Canne. Si Jésus t’entendait, il retournerait dans sa tombe !

– Jadis, les Romains massacraient les croyants, maintenant c’est au tour des croyants de massacrer les incroyants. Et c’est qu’un début...

– Mais, une fois morts, ce sera difficile de les convaincre, ajouta Mesch.

– Je garderai quelques couples pour la reproduction... Mais, puisque tu sais tant de choses, Mesch, dis-moi donc où se trouve Widukind !

– Il devrait se trouver sur le site d'Irminsul.

– Et pourquoi devrais-je te croire ? Tu es Saxonne, à ce que j'entends.

– Mon père était franc, et Widukind a dit que ma mère avait trahi les Saxons en forniquant avec un Franc, et quand j'ai eu seize ans il m'a voulu pour lui. J'ai refusé et j'ai fui. Il m'a retrouvée mais j'ai pu lui échapper encore... Il a tué mes parents. Tu comprends ?

– Bon, tu peux toujours raconter des histoires...

Mesch se tourna et baissa le haut de ses braies pour dévoiler son arrière-train.

– Oh ! Tu l'as beau ! s'exclama Charles en se redressant sur son siège.

– Tu n'as pas bonne vue ! rétorqua Mesch. Vois donc ce sigle sur ma fesse, c'est le « W » que Widukind m'a tatoué sur la peau, en signe d'appartenance.

– Tu as raison, ma vue est basse. Approche !... Plus près !...

Charles passa la main sur l'endroit concerné.

– Holà ! Pas de ça !

– Mais c'est ainsi que je peux mieux voir !

– Alors, tu as vu !? Je crois qu'il vaut mieux s'occuper de la Saxe que du sexe. Adieu ! lança Mesch en remballant ses atours. Et, avant que le roi subjugué n'ait eu le temps de réagir, elle était partie.

– Il vaut mieux que cela soit ainsi, consola l'abbé, une rebelle n'est pas soumise et tu pourrais avoir de fâcheuses surprises.

– Elle est simplement venue à toi pour que tu venges ses parents, pas pour te donner son cul, suggéra Nabil.

– Bon, assez de commentaires ! L'abbé, va quérir mes compagnons sur l'heure !

– Je crois qu'ils se trouvent en galante compagnie, au bourg.

– Qu'ils cessent leur bourre, on est à la bourre ! Et toi, Nabil, vas donc nous trouver de bons chevaux, nous avons une longue route devant nous.

Nabil et l'abbé s'exécutèrent sans s'entretuer.

Trois quarts d'heure plus tard, Jonas, Othello et Pépin arrivèrent devant la pièce ou se reposait le roi. L'abbé Canne les invita à patienter et frappa à la porte :

– Tes compagnons sont là, mon roi !

– J'arrive !

Dix minutes plus tard, la porte s'ouvrit, livrant passage au monarque. Dans l'entrebâillement ils aperçurent une ravissante créature en train de dormir sur le lit.

– Oho, Charles ! Aurait-tu épuisé cette fille aux cheveux bleus ?

– Parbleu !... s'exclama Charles, comme s'il s'agissait d'une évidence, avant d'avouer : il est vrai qu'elle a fait une longue route à cheval avant de finir à cheval sur moi !

Devant l'étonnement de l'abbé, Nabil expliqua :

– J'ai revu Mesch, à l'écurie. Elle m'a dit qu'elle regrettait d'avoir fui, car elle avait finalement envie de connaître le roi un peu mieux (c'est une référence qui peut servir). Alors je l'ai réintroduite chez Charles... Enfin, façon de parler...

– Bon ! Compagnons, l'heure n'est plus aux plaisirs, allons prendre un peu de forces en cuisine, et je vous ferai savoir mes directives pour les temps à venir.

Après un repas frugal se composant de poularde et de navets, Charles donna ses instructions :

– Toi, Jonas, tu vas te rendre en Bavière pour tenter de faire entendre raison à Tassilon. Je sais que ça ne sera pas de la tarte avec le Bavarois, mais je te remettrai une lettre officielle. S'il ne se calme pas, cela lui fera comprendre qu'il finira au trou... Peine adaptée à un duc...

– Toi, Pépin, tu vas te promener dans le coin de Soissons, capitale franque, pour voir si tout est en ordre. Tu pourras en profiter pour faire du bateau...

– Je me promènerai dans Soissons, à rames, comme un haricot, alors...

– Mais n'oublie pas de surveiller le commerce fluvial...!

Charles marqua un temps d'arrêt. Il lui semblait avoir déjà entendu cette réflexion quelque part. Puis il reprit :

– Quant à toi, Othello, tu viendras avec moi. Une étape rapide à Herstal, une autre à Aix pour que je puisse faire un petit coucou à ma famille, et ensuite, haro sur le Saxon !

– T'accompagnerai-je également ? s'enquit Nabil, l'air un peu soucieux.

– Bien évidemment, je t'ai engagé comme secrétaire, non ?

– Ah oui, c'est bien vrai, ça ! fit le scribe d'un air satisfait, presque supérieur.

– Ho, fais pas ta vedette, hein ! le houspilla Jonas un brin jaloux.

– Mais je mérite votre confiance ! protesta Nabil.

– Bon, il suffit ! coupa Charles. On n'est pas en famille, vous laverez votre linge sale une autre fois ! ordonna-t-il encore en levant la main gauche (en droitier avisé, il préférait garder l'autre main à portée de son épée). Mais avant de nous mettre en chemin, levons une dernière fois nos gobelets au succès de nos missions... Où est donc l'échanson, l'abbé ?

– Il C barré, comme dit le ménestrel.

– Pourquoi ?

– L'échanson voulait faire chanter le trouvère et ce dernier l'a alors menacé de sévices à la personne... J'ai cependant fait quérir son frère jumeau qui travaille au « Clos François » ; il ne devrait pas tarder.

– Je le connais. C'est le même échanson, mais la différence c'est que le tatouage n'est pas là.

– Qu'est-ce que tu nous chantes là, Charles, demanda Jonas étonné.

– Oh ? Rien... Un truc qui m'est passé par la tête...

Puis, après avoir bu leur chère rasade du départ, il désertèrent les lieux, Pépin prenant la route de l'ouest pour franchir les monts de Bel, Jonas filant vers l'est, tandis que Charles, Othello et Nabil chevauchaient vers le nord, tout cela semblant évident si l'on se réfère aux instructions données par le roi, cependant utile à dire pour ceux qui auraient loupé des cours de géographie.

Quelques jours et auberges plus tard, le trio atteignit Herstal où Charles retrouva ses troupes, rédigea quelque capitulaire, culbuta l'une ou l'autre donzelle en mal de mâle, prit un bain et changea de monture. L'ordre dans lequel tout ça se fit n'a pas pu être déterminé, mais cela importe peu.

Il se sentait bien dans cette capitale franque d'où venait son Pépin d'arrière grand-père, le père du Martel, mais il avait un indéniable penchant pour Aix dont il envisageait de faire le siège de son empire. Le Magne avait dans l'idée d'y faire construire une grande église pour sacrifier à cette mode qui, pour les puissants, constituait une stratégie politique. Voilà pourquoi Aix est devenue Aix-la-chapelle, à ne pas confondre avec Aix-les-bains, ainsi nommée suite à un projet romain de l'an 30 de construire un parc aquatique avec, en vedette, un performer hébreux qui donnait dans la marche sur l'eau, la multiplication des poissons et autre transformation de l'eau en vin. L'artiste ayant fait faux bond trois ans plus tard, épinglé de l'autre côté de la mer comme leader de secte, il ne resta de ces installations que des baignoires et des piscines représentant

toutefois – et encore de nos jours – une bonne source de
revenus.

55

III

« Comme il n'est pas tard, nous seront tôt au logis »
(H. Ike)

— Te voilà, enfin ! Tes absences sont trop longues ! Ne pourrais-tu vaquer à des occupations plus proches qui te permettent de rentrer chaque semaine, mon Charly ?

— Je ne suis pas un hebdo, je suis roi ! Et un roi conquérant ! Je dois m'imposer dans tous les coins du royaume, chez les Lombards, les Sarrasins, les Saxons et j'en passe ! Comment veux-tu que je fasse ces allers-retours en sept jours ? On n'a pas encore inventé le jet privé, que je sache ! Et puis, tu as bien vu, t'emmener avec moi n'est pas toujours la meilleure chose à faire : tes dernières couches t'ont considérablement affaiblie et j'ai bien fait de te renvoyer chez nous…

— T'énerve pas, mon adoré, tu vois bien que je me languis de toi !

— Pas si sûr ! Tu dois en voir, des allers-retours pendant mes absences ! lâcha encore goujatement le roi qui n'aimait pas se faire titiller sur le boulot.

– Oh ! Le rustre ! Tu me compares à l'une de ces catins que tu culbutes en cherchant fortune tout au long du chemin et au clair de la lune...

– Bon, ça va, tu vas pas me rechanter ta chanson ! Allez, calme-toi, regarde ce que je t'ai apporté...

Charles se leva pour aller ouvrir la porte de cette vaste pièce du donjon servant à la fois de chambre, de cabinet de toilette et de séjour à l'épouse royale.

Il commença par faire entrer un homme qu'il présenta :

– Voici tout d'abord un talentueux trouvère qui, pour ton plaisir, saura te chanter maints vers.

– Il a l'air triste...

– Il a les boules en un sens, parce que j'en ai fait un castrat, par prudence.

– Je préférais le jardinier à la main verte...

– Je l'ai chassé parce qu'il binait très alerte en des lieux qui t'auraient fait courir à ta perte.

On exposa ensuite à la dame éblouie, une série de somptueux tapis persans ornés de chats (on dira plus tard des chats d'Iran). « Cela saura égayer tes appartements », commenta le roi en soulageant sa vessie et visant pile à travers une meurtrière, comme à l'époque on avait coutume de faire.

Puis on fit entrer un couple avec une enfant.

– Charles, qui sont ces gens ?

– Des gens bons, de Bayonne. Je les ai libérés de leur servitude : ces pauvres pendaient à des Basques sans vergogne ; ils seront à ton service, ma Gertrude.

– Mais, que te prend-il donc de m'appeler Gertrude ? Dois-je comprendre que tu veux me remplacer ?

– Nenni, c'est pour la rime ! Qu'allais-tu penser ?

– Je vois que tu aimes beaucoup la syllabe « ude » : d'abord Himiltrude puis ta fille Rotrude...

– Tu ne dois pas t'inquiéter, ma douce et tendre. Nous en reparlerons... Mais sans plus attendre, je voudrais poursuivre la liste des présents.

– Oh, vraiment ? Tu m'en as pourtant déjà fait tant !

– Parlons donc plus naturellement, ma très chère, et abreuvons-nous de ce qu'on verse à Anvers.

– Qu'est-ce donc qu'Anvers, un pays de prêles ?

– Mais Antwerpen, voyons, tu connais, une fois ! Attention, à jouer ainsi, ça saurait semer la discorde...! prévint le roi avec cet accent typique de sa lignée.

Il tendit une coupe à sa dame et ordonna la présentation du cadeau suivant. Un homme dont la barbe généreuse compensait une calvitie brillante entra, un rapace perché sur son poing.

– Quel magnifique... volatile !

– Oui ! Et il sait voler encore !... On l'appelle « gypaète ».

– Le barbu ?

– Non, l'oiseau !

– Mais, que vais-je en faire ?

– Mets-le dans ta collection, avec le vautour.

– Le chauve ?

– Non, l'oiseau ! Mais puisque tu insistes à propos du volailler, sache qu'il restera au palais pour nourrir et faire voler ces animaux d'envergure en remplacement de l'ancien fauconnard, dit Charles avant de s'adresser au poète présent : trouvère, déclame-nous donc ta fable à ce propos !

L'homme empoigna son luth, sans lutter, pour l'utiliser en accompagnement mélodique sur un récit de sa composition qu'il se mit à conter :

Un taureau, ruminant quelque idée
Que son cerveau lui permettait,
Prit à partie un chimpanzé
Qu'un congénère devant lui épouillait.

« Dis-moi, le singe, toi qui est si malin,
Pourquoi le lion, ce fainéant félin
Est-il proclamé roi des animaux
Et non moi, l'énergique et puissant taureau ? »
Le chimpanzé, non sans arrière-pensée, lui dit :
« Je sais que cela fait bien longtemps que c'est ainsi ;
Jadis, un jour, par la force il s'est imposé,
Depuis c'en est devenu une hérédité.
– Eh bien, j'ai décidé que cela devait changer,
Et sans plus attendre d'aller l'encorner. »
Et le chimpanzé de l'encourager :
« Vas-y, saigneur, je suis sûr de ton succès ! »
Ainsi, d'un seul coup de boutoir, le taureau estourbit
L'héréditaire seigneur endormi.
Prenant sa place devant le peuple effrayé,
Il l'assura que sa force le protègerait,
Et nomma le chimpanzé, auprès de lui, conseiller.

Or, il arriva, à quelques temps de là,
Qu'une tempête vint faire son lot de dégâts
Que la puissance du taureau ne put empêcher.
Alors, le peuple révolté se souleva.
Lorsque la foule sur le palais marcha,
Vers elle s'avança le chimpanzé
Et par le jeu des mots la calma, l'amadoua,
Permettant ainsi au taureau de rester roi.
Le simiesque conseiller le lui fit remarquer,
Et que le pouvoir entre eux devait être partagé.
Car si la force en intimide certains,
Les paroles sont d'or pour les malins !
Soudain, de nulle part surgit un vautour.
« Il est temps que j'intervienne, j'attendais mon tour »
Dit l'opportuniste rapace en se posant.
« Que veux-tu, vieux volatile chauve et pédant ? »
Le houspillèrent les deux comparses inquiets.
« C'est la calvitie de l'espèce et non des ans »

Sermonne l'emplumé tristement costumé.
« Je suis vautour moine, que vous le sachiez !
Et j'ai mille belles histoires à conter.
– À d'autres ! Nous ne croyons pas en ces billevesées
– Réfléchissez, car, qui vous craint ou ne vous croit,
Sera séduit par mes mystères et viendra à moi !
Maîtrisons donc le monde en triumvirat ! »
    Moralité :
Il se trouve toujours quelqu'un pour chercher à t'assujettir
Par un bras d'acier, une parole d'argent ou un esprit de
myrrhe.

– Ta fable est bien intéressante. Tu es cependant un brin provocateur... Mais cela est bon que tu fasses ainsi usage de ton instrument et de ta voix.

– Ce ne sont que d'humbles cordes à monarque...

– Et que sais-tu faire encore ? demanda Hildegarde.

– Conter en langue d'Oc, tel un troubadour.

– On n'utilise pas les mêmes chiffres dans le Sud ? s'enquit Charles.

– Je ne parlais pas de chiffres...!

– Ah ! Le formage de Cathare, alors !? renchérit Hildegarde.

– Voyons ! As-t-on déjà vu un maître de formage se mettre à la voix ? s'offusqua poliment l'artiste.

– Nous plaisantons, troubadour vert, nous savons bien qu'à notre époque, ces différents futurs homonymes ne se disent pas de la même façon ! s'esclaffa le Magne.

– Votre grande connaissance des mots est digne d'un grand roi, flatta le trouvère balourd.

– Que sais-tu faire encore ? insista la reine.

– Je joue de la pie-anneau.

– Oh ? Qu'est-ce ?

– C'est un oiseau spécial, un spécimen rare : une vieille pie, couverte d'un magnifique plumage blanc à touches de noir, qui chante lorsque je la dirige avec un flédreau d'argent.

– Je n'ai encore jamais vu ça, bien qu'il soit couru que les vieilles pies et l'argent s'accordent aisément, fit remarquer le roi.

– À propos, n'as tu point quelque bijou...? demanda Hildegarde en se tournant vers le Magne.

– Tu es pourtant bien jeune et peu pie, toi...! dit Charles amusé.

– Que de pie je n'aie rien, ni toi de gredin Goth, certes, mais les souverains se doivent d'être parés...

– Tu sais bien que je n'oublie pas ma bien-aimée...! Je t'ai rapporté une préciosité d'Alsace...

– Tu es encore allé voir Liutfried ou plutôt Liutgarde ? demanda la jalouse épouse sur un ton réprobateur.

– Pas du tout, voyons. Quand cesseras-tu de penser que je veuille te laisser ?

– Tu ne vas pas prétendre rester les mains dans les poches en mon absence, déjà que tu n'y as pas les yeux !

– Je n'ai pas de poches !

– Mais...

– Il suffit ! Je n'ai d'amour que pour toi. Les autres cas ne sont là que pour entretenir ma vigueur durant les longues semaines loin de toi, martela Charles tel son grand père. Et maintenant, que l'on apporte gibier et fruits, j'ai faim ! ordonna-t-il.

– Ben, et mon présent d'Alsace ?

– Ferme les yeux, dit doucement Charles en faisant signe qu'on leur apportât des mets et qu'on les laissât seuls.

Hildegarde sentit quelque chose glisser le long de ses cuisses.

– Oh ! Chercherais-tu à t'introduire chez moi sans me demander ?

– Pourquoi devrais-je me gêner ? En fait, c'est ta chatte...

– Ysfette ? Oh ? Mais oui ! constata la reine en cherchant la boule de poils sous sa robe. D'ailleurs, ta main n'est pas aussi douce...! déclara-t-elle encore en prenant l'animal contre son visage.

– Hildegarde, si tu mets ton nez dans ta chatte je ne pourrai pas te donner mon présent !

– Alors vas-y, je ne bouge plus.

Elle sentit cette fois quelque chose de froid glisser sur sa gorge. Une lame ? Charles l'aurait-il jugée coupable ? Non, il n'était pas du genre à venir jusque dans les draps égorger ses fils et ses compagnes... Et finalement, cela ne coupait pas. Un glaçon, alors ? Impossible, ils n'avaient pas de frigo. Un orvet ? Presque...! Pas un serpent de verre, ni un oeil de verre, ni un serpent de mer, ni un serpentaire, ni une pomme de terre...

– Un collier d'argent ! s'exclama la reine en se voyant dans le miroir (elle avait ouvert les yeux entre-temps, faut-il le préciser ?). Avec toutes ces pierres précieuses sur l'ibis...! continua-t-elle, émerveillée, en passant le bout des doigts sur les gemmes ornant la parure.

– Ce n'est pas un ibis mais une cigogne ! On dit là-bas que ce sont ces oiseaux qui apportent les bébés.

– Je viens déjà de te donner des jumeaux cette année, tu veux déjà passer commande pour l'an prochain ? Est-ce là la signification de ce présent ? demanda Hildegarde avec un air las.

– Tu sais bien que, même un roi ne peut commander cela ! Maintenant, assois-toi à mon côté et mangeons. Tu dois prendre des forces.

Le roi et la reine se mirent à table devant une grande tranche de pain posée sur une planchette de bois destinée à accueillir morceaux de viande et légumes.

Notez que la tranche de pain sur son tranchoir, c'est l'assiette du Moyen-Âge que l'on partage en mangeant avec les doigts. On n'avait pas encore inventé la vaisselle en carton ni les couverts en inox, mais on se lavait déjà les mains de temps en temps.

– C'est du porcelet de Limoges, dit Charles en tendant un morceau croustillant à sa femme.

– Je n'aime pas trop la viande, tu sais bien...

– Mais tu es pâlotte, il te faut prendre des forces !

– C'est à cause de toutes ces cigognes qui ne cessent de passer d'année en année...! répondit la reine avec un sourire de résignation.

– Tu es si fertile !

– Crois-tu qu'il existe un lien entre les cigognes et la fertilité ?

– Peut-être apprécient-elles ta belle mine ?

– Oh, ma mine s'émousse comme l'écume sur la bière qui progressivement s'enfuit avec l'éphémère fraîcheur... lâcha la lasse épouse. Un jour me laissera-tu comme tu laisses ton gobelet vidé ?

La luminosité baissa dans la pièce. Un nuage noir masquait le soleil, annonçant l'orage.

– Jamais je ne te laisserai vider, te redis-je, n'aies crainte ! Tu déprimes, ma chère épouse, et je connais le remède : buvons ! enjoignit Charles en indiquant les coupes.

– Oh ! Tu possèdes maintenant deux coupes identiques ?

– Oui da ! La deuxième, je l'ai gagnée à la faveur d'une joute avec Nabil.

– Comme tu m'étonnes d'avoir risqué ta vie pour cet ustensile !

– Non point ! Ce fut une joute orale, expliqua le roi. Puis, sur un ton de confidence, il reprit : en outre, j'ai appris que ces coupes avaient un pouvoir... bénéfique pour qui les possède...!

– D'où tiens-tu encore pareille connerie ? s'étonna la reine, faisant usage d'un langage que, de nos jours, on n'oserait plus employer à l'endroit d'un roi de France. Heureusement, nous sommes aujourd'hui en république et là, même un président peut s'adresser à quelqu'un en usant de locutions telles que « Casse-toi, pauv' con ! ».

Mais, revenons en 778 pour clore ce chapitre.

– Je le tiens d'une devineresse, avoua le roi.

– Oho ? J'y crois pas trop, moi aux diseuses de bonne aventure.

– Peu importe ! Qui le verra le vivra ! conclut Charles en initiant sans doute un nouveau proverbe qui nous est parvenu quelque peu inversé.

D'une main, il prit une coupe et la leva en disant : « Ceci est un bon sang de pinard, bois-en un coup ! C'est l'alliance éternelle entre le labeur et le plaisir ».

De l'autre, il poussa le pain garni vers sa femme : « Prends-en encore, il a été livré pour nous ». Puis il saisit la deuxième coupe. À ce moment-là, une vive lueur éclaira son visage, puis la pièce. Dehors le vent s'était levé. Charles sentit un frisson parcourir son corps. Par réflexe, il reposa les coupes. Un puissant vacarme déchira l'air.

IV

« J'aurai pris tellement de volume que je serai
incontournable »
(M. Ionnett)

— Ce tonnerre et cette lumière m'ébranlèrent si fort que je ne pus même pas honorer mon épouse, ce soir là. Or, depuis 4 années, ma puissance ne cesse de grandir... Je me demande si ce n'est pas vérité que ces coupes ont un pouvoir...

Le roi marqua une pause pour laisser résonner ces paroles pleines de mystère, puis reprit :

— Je sais que tu es frappé, Alcuin, du bon sens, alors donne-moi ton avis !

L'érudit homme de foi rassembla ses souvenirs.

— J'ai ouï une légende relatant qu'après avoir récupéré le vase de Soisson mis hors d'usage par un Franc, Rémi le fit fondre pour en tirer trois coupes. Peut-être en détiens-tu deux d'entre elles !

— Mais pourquoi auraient-elles un pouvoir ? Et lequel ?

— Dans chacune des coupes il y aurait un clou...

— Heureusement que ce ne sont pas des pneus...!

– Assurément...! répondit Alcuin qui ne connaissait pas ce mot, en prenant une plume.

– Que fais-tu ?

– Je note. Il me faut encore enrichir mon vocabulaire dans la langue des Francs... Donc, que signifie « pneu » ?

– Cela vient du grec ! Tu connais le grec, tout de même !

– Évidemment : eurêka, feta, gyros, nikos aliagas...! Cependant, je ne vois pas la signification que revêt ce mot dans ton esprit.

– Eh bien... J'ai entendu ça un jour dans la bouche de Hilde, une devineresse en Alsace, qui...

– Je la connais.

– Bon, on va dire qu'il s'agit de quelque poche d'air...

– Hilde ?

– Non, le pneu.

– Très bien, je note... Mais revenons à ces coupes : sais-tu si elles comportent des clous ?

– Je regarderai...

– Maintenant ?...

– Plus tard. Parle-moi encore de cette histoire de clous.

– On dit que ce seraient les clous du Christ...!

– Sacrebleu ! s'écria Charles d'un air faussement étonné.

– Je ne te le fais pas dire ! Dans chacune des coupes que Rémi aurait fait réaliser, aurait été inséré l'un des clous ayant servi à crucifier Jésus.

– Et comment ces clous seraient-ils arrivés dans les mains de Rémi ? Il voulait se reconvertir en charpentier ? demanda Charles, sur un ton moqueur.

– Non, mais dans l'église, rien ne se perd...!

– Sauf la virginité !

– Pourquoi oses-tu parler ainsi ?

– Pour rien, pour rien... Peu importe, je suis le roi, j'ai le droit de m'exprimer comme je l'entends !

– Il y a le droit divin...

– Je le laisse à Dieu.

– Mais... tu es chrétien, non ?

– Oui. Mais pas crétin ! Alcuin, je t'ai fait venir en mon palais pour ton érudition et afin de diriger la mise en place de l'instruction dans mon royaume, alors cesse de me raconter des balivernes d'Arverne. J'ai peine à croire à ton histoire de vase de Soisson à 3 clous digne d'une conteuse de bonne aventure ! déclara Charles en levant son doigt puis lui-même de sa chaise. Car il faut savoir qu'au paravent il était assis.

Il marcha de long en large, visiblement un peu énervé par ce nouveau témoignage un brin fabuleux. Sa longue chevelure se soulevait au rythme de ses pas, sous le souffle du vent froid qui s'engouffrait par les fenêtres et dont il n'était plus protégé grâce au paravent, puisque celui-ci ne l'avait pas suivi. Vous suivez ?

Alcuin, de l'oeil l'observa en silence, puis se leva à son tour et, avant de se voir décocher une autre flèche de monarque, prit congé en concluant :

– Crois ce que tu veux, grand roi, je ne parlais finalement que d'une légende...!

*

Charles avait rencontré Alcuin en Italie. Cet Anglo-saxon s'y était rendu en espérant rapporter des nouilles à York, sa ville natale. Malheureusement, elles n'avaient pas encore été importées de Chine ; l'homme s'était donc recentré sur l'activité ecclésiastique, notamment pour tisser des relations avec la papauté.

Cet érudit, habile et malin, a laissé, au cours du règne de Charlemagne, une empreinte plus connue des historiens que celle de Nabil dont les écrits seront littéralement effacés par Eginhard avec sa « Vita Karoli » au titre semble-t-il inspiré par Liutfried d'Alsace qui, contraint à la sobriété, se plaignait souvent d'un « Wieder Carola ! ».

Cela dit, revenons à Alcuin. Il aimait aussi le pouvoir mais préférait – quitte à se limiter – l'exercer par la connaissance plutôt que par la force. Sa fonction, à la tête de l'enseignement, lui permettait ainsi de former l'élite du royaume selon les préceptes chrétiens qui demeuraient crédibles en ces temps où la science n'avait pas encore beaucoup progressé.

Or, Alcuin ne voyait pas Nabil d'un bon oeil. Certes, il souffrait de quelque problème de vue, mais pas seulement. Il doutait de la foi chrétienne de cet homme qui trouvait toujours un prétexte pour ne pas aller à la messe. Soit une affaire à régler au bourg, soit une affaire à bourrer en règle, ou encore du texte à transcrire dans le cadre de la biographie royale. Et c'était là, en fait, que blessait le bât : la biographie du roi. Alcuin, devenu l'ami de Charles, nourrissait l'ambition de s'en occuper. Malheureusement, Nabil – arrivé dans l'entourage du monarque avant lui – avait déjà été chargé de cela par l'intéressé, comme nous l'avons vu au premier chapitre. Toutefois, Alcuin estimait que, s'il parvenait à discréditer Nabil, il pourrait faire d'une pierre deux coups : préserver Charles d'un mauvais coup et prendre la place de biographe. Il ne savait pas, alors, que le fameux Eginhard allait, quelques années plus tard, occuper cette fonction. De toutes façons, il avait déjà fort à faire avec l'école...

Ceci dit, mon propos n'est pas de vous conter l'Histoire de France officielle, mais de vous révéler certains faits relatés dans le Grimagine, ce vieux grimoire, trouvé par hasard et Jean dans son armoire, et dont les pages nous font voyager à travers le passé, jusqu'en des temps immémoriaux.

Donc, avant de remonter jusqu'aux origines des hommes aux sapins et autres hommes des tavernes, revenons à Alcuin que l'attitude et l'allure de Nabil préoccupaient au plus haut pourpoint.

Pour lui, la seule solution était de faire espionner Nabil.

Il fit alors venir un moinillon de confiance dont le petit oiseau le charmait : le jeune Celse Irque. Le guidant jusqu'à une fenêtre du palais, Alcuin lui indiqua le biographe – que l'on apercevait près de la lice par un concours de circonstances, en train de converser avec une damoiselle – et lui tint à peu près ce langage :

– Vois, cet homme. Il faut que tu le suives et viennes régulièrement me conter ce qu'il fait. S'il te menace de sévices, ton sang ne doit faire qu'un tour, novice, et tu lui cloueras le bec.

– Il m'a l'air d'être un étranger...

– Il prétend être de Reims, mais j'en doute. S'il reconnaît avoir des parents venus d'Orient, il y a raison de penser qu'il en a gardé les croyances !

– Cela signifierait-il qu'il est dangereux... pour nous ?

– Pour le roi et l'Église !

– J'y vais alors, de ce pas !

– Hâte-toi tant qu'il est encore là... Mais sois discret !

Le jeune homme hocha la tête et sortit.

Une femme entra.

– Hilde ? Je ne m'attendais pas à te voir ici ! s'exclama Alcuin.

Moi non plus. C'est toujours un peu embêtant quand un personnage apparaît soudain dans une histoire sans que ce soit prévu. Mais, bon, va falloir faire avec, comme on dit. Écoutons-la.

– Je suis venu mettre Charles en garde, car j'ai eu une vision.

– Je t'écoute...

– Tu n'es pas Charles.

– Alors, allons le voir ensemble, belle dame, l'invita le sarcastique ecclésiastique.

Tous deux longèrent les couloirs froids du palais pour rejoindre le logis royal.

Le Magne les accueillit, lui aussi surpris de la présence de Hilde.

– Mon roi, je dois te dire de te méfier...

– De qui ?

– De toi-même.

Alcuin sursauta.

– Que dis-tu là, femme ? s'étonna le roi. J'attendais que tu me dises « D'Alcuin car il n'est pas du coin » ou « Gare à Nabil, c'est un goupil » ou encore « Prends garde à Hildegarde »...

– Justement, il s'agit de ton épouse.

Le roi resta muet et songeur. Cette devineresse était-elle en train d'insinuer qu'Hildegarde le trompait...? Comme si elle avait deviné ses pensées, elle reprit :

– Et tu ne dois pas douter de sa fidélité, mais prendre garde à la préserver...

– Quelqu'un chercherait-il à la tenter ou à lui nuire ?

Hilde le regarda un instant de ses yeux noirs, sans mot dire ni maudire.

Le roi s'impatienta :

– Vas-tu parler, à la fin ?

– J'ai fait un vilain songe où m'est apparu Hildegarde criant en donnant le jour à 9 enfants !... Et elle en a perdu la vie !

– Balivernes d'Arvernes ! A-t-on déjà vu femme porter autant de bébés à la fois !? s'exclama le roi sans se renouveler.

– C'était un songe. Le songe est un signe, une image de l'avenir, souvent une parabole ! Peut-être s'agit-il, dans ce cas, d'un neuvième enfant, tout simplement. Quoi qu'il en soit, chaud lapin que tu es, tu uses ton épouse en de multiples couches, et tu dois prendre garde à la ménager !...

– Bon, dans ce cas, je vais partir massacrer les Saxons, ça lui fera une paix royale pendant quelques temps ; ensuite, nous irons passer quelques mois à Dietenhoven, histoire de nous changer les idées... Maintenant, retourne en Alsace, Hilde, et va porter cela à l'Auberge du moulin rouge ; j'ai ouï dire qu'un rejeton y était né de mes oeuvres... commanda le roi en tendant une bourse à la devineresse.

– C'est la vérité ; je l'ai vu et on ne peut s'y tromper : sa tignasse est ornée d'une mèche rousse comme celle de ta barbe ! commenta la femme avant de sortir.

– Il n'est peut-être pas prudent d'aller guerroyer déjà. Ne crois pas tout ce que raconte cette femme ! prévint Alcuin. Seul Dieu est omniscient...!

– Si c'était le cas, nous ne serions pas là, il n'aurait pas créé l'Homme ! déclara le roi, lucide, en riant.

Comme quoi, les guerres tenaient à peu de choses...

Je voudrais profiter, ici, de cette dernière remarque du monarque pour apporter la précision suivante : dans les écrits historiques, il n'est pas fait mention de paroles à caractère mécréant de la part de Charlemagne ; cela, sans doute, est dû au fait que les témoignages d'époque, communément pris en référence, proviennent essentiellement des écrits d'ecclésiastiques tels que ceux d'Eginhard ou d'Alcuin, bien en mal de par leurs positions et convictions, de pouvoir ternir l'image du personnage. C'est, en fait, dans le Grimagine, mon ouvrage de référence à moi, que j'ai trouvé trace de certains dialogues et dont je soupçonne, entre autres, Nabil de les y avoir rapportés.

Bon, j'ai l'impression que certains d'entre vous commencent à s'ennuyer ; surtout les lecteurs, qui veulent en général de l'action ; les lectrices, quant à elles, sont peut-être plus fleur (de lys) bleue.... En revanche, j'ai constaté que le sexe, ça intéresse toujours tout le monde...!

Malheureusement, je suis obligé de suivre la chronologie des témoignages consignés dans le Grimagine. Et ils sont nombreux ! J'imagine déjà le blé que je vais me faire en rapportant tout ce qui s'y trouve !

Mais voilà que je m'égare une fois de plus, comme cela a déjà été le cas dans les autres tomes... Qui a dit « pouce » ?

Bon, passons.

Pour en revenir au récit, sachez qu'une fête avait été organisée, avant le départ de la troupe pour la guerre en Saxe.

Il y avait là, Robert et son accordéon qui mettait l'ambiance en faisant tourner les mouchoirs, la jeune Mathilde qui tentait de se laisser éclater un ballon contre les fesses par son cousin Germain, tandis que la Meteor coulait à flots.

Quoi...? Nooooon ! Vous y avez cru ?

Mais, bien sûr que tout ça est faux ! Sauf pour la Mathilde qui avait effectivement un cousin germain, chose naturelle au sein d'un peuple germanique.

En vrai, la fête se déroulait dans la grande salle du palais royal. On avait disposé de longues tables en « U » sur lesquelles des guirlandes de coupes et de tranchoirs attendaient vins et volailles, tandis que les mains s'avançaient vers les corbeilles de fruits pour faire patienter les estomacs.

En face de la tablée centrale, se succédaient, à dextre, acrobates mobiles et jongleurs à trois balles, au centre, sur une estrade carrée, drapée de bleu, se produisait une contorsionniste, et à senestre près la fenestre, les ménestrels.

Ceux-ci formaient un quatuor ; avec leurs cheveux longs, on eût pu croire qu'il s'agissait des Beatles, mais ce n'était pas eux. J'en ai aujourd'hui la certitude.

Celui au cithare, éclectique, troquait selon les besoins son instrument contre un tambourin, pour ensuite utiliser d'autres cordes, à l'instar de ses compagnons avec lesquels il se mettait alors à la viole en réunion.

Le quatrième, quant à lui, déclamait les vers en exécutant quelques pas de danse originaux après avoir pris place sur l'estrade bleue, libérée par l'artiste précédente, partie les jambes à son cou.

Le roi, intrigué par cette chorégraphie, s'adressa à Alcuin, assis a proximité :

– Où as-tu déniché ces acteurs ?

– Par Christ ! C'est un fait de la reine, pas le mien !

– Hildegarde, ma doulce (on mettait un « l » en ce temps-là), connais-tu ces ménestrels ? Le garçon qui gesticule me semble bien agile...!

– Ils égaient mes longues journées sans toi... Et ce ne sont point des mâles ! Celle qui danse est également ma confidente ; elle se nomme Héloïse Ityou.

– Elle a beaucoup de grâce et beau visage ! remarqua le monarque.

– Et beau cul aussi ! Mais, pas touche ! avertit la reine.

– Que vas-tu imaginer ! Tu es à mes côtés, je n'ai point besoin d'à-côtés !... Mais, dis-moi, tu choisis tes confidentes parmi les gens du peuple ?

– Pourquoi pas ? Je suis une bonne reine !

– C'est vrai que tu es bonne... Soit, fais selon ton plaisir, mais sois prudente !

Juste avant la fin de la représentation, un clou pointant à travers l'étoffe bleue fit trébucher l'interprète qui tomba, fort heureusement, sur les planches, sans grand mal.

La représentation terminée, les artistes vinrent rendre hommage au couple royal.

– Que t'est-il arrivé, Héloïse ? s'enquit Hildegarde.

– Un clou... commença la jouvencelle qui, derechef, perdit l'équilibre. Le roi intervint :

– Ce mauvais clou du spectacle, encore une fois ? Tu ne tiens pas debout !

– C'est juste un vertige.

– Rien de moins étonnant quand on voit tes voltiges !

– C'est là l'alea de l'allure, oh mon roi !

– Bien ! Venez vous asseoir à table, ménestrels, et repaissez-vous, car votre musique est belle ! les convia Charles, sous le charme des donzelles.

Les royales libations durèrent ainsi jusqu'à la sixième heure de l'après-midi.

Suspectant par avance que, le soir venu, il n'y aurait personne en état de conduire, fût-ce une charrette ou une monture, on avait prévu le départ vers la Saxe pour le lendemain matin, afin de laisser le temps au roi et à ses hommes de cuver.

Aux premières lueurs de l'aube, le coq chanta trois fois (ce qui était d'une banalité affligeante mais dont l'animal n'avait cure) : une fois pour réveiller le pays, une deuxième pour les retardataires et les malentendants, enfin la troisième, par jouissance personnelle, après avoir honoré la poule du jour.

Lorsque le soleil rougeoya à l'horizon, la banalité affligeante se fit à nouveau jour, mais la troupe, derrière Charles, était montée sur ses grands chevaux, les poneys étant plutôt adaptés à la ville.

Il faisait déjà suffisamment clair, on jugea donc inutile d'allumer les feux, ceci permettant d'économiser les torches pour les éventuelles attaques de nuit à venir.

Après la bénédiction par l'abbé Moll et les prières par habitude (à l'époque déjà, on priait pour tout et n'importe quoi en pensant que cela servait à quelque chose), les futures veuves et orphelins agitèrent leurs mouchoirs pour saluer la troupe, tandis que Hildegarde regardait son bien aimé en serrant ses sept enfants contre elle. Enfin à peu près. Il la regarda en hochant la tête et en avançant les lèvres pour faire une mimique qui se voulait rassurante. Pour le vérifier, faites la même chose devant un miroir. Puis il tapota un petit sac pendu à sa selle et qui renfermait les deux coupes porte-bonheur en lesquelles il avait plus foi qu'en les bénédictions de Moll. Pourquoi ? Parce que l'homme d'église avait béni tout le monde et que, pourtant, tout le monde ne reviendrait pas.

Flanqué de ses compagnons, Othello, Pépin, Jonas et Nabil, le Magne, majestueux, donna enfin – ou déjà, c'est une question de point de vue – le signe du départ.

La colonne se mit alors en marche en direction du levant. Si Lucky Luke avait assisté à la scène, il aurait été jaloux.

Nous allons maintenant laisser ces braves aller leur chemin, ce qu'ils vont connaître se trouve relaté dans bon nombre d'ouvrages d'histoire et il est inutile de s'étendre sur des massacres. En effet, Charlemagne voulait mater la rébellion de ces peuples ne comprenant pas qu'il convenait d'accepter la domination franque. La solution efficace pour rallier tout le monde à sa cause : la conversion. Il fallait absolument convertir ces barbares païens, fût-ce dans le sang. Une pratique qui subsiste encore de nos jours.

Munies d'épées, de haches, de francisques, les mains donnèrent la mort et n'y allèrent pas de main morte.

Charles parvint à ses fins sans y passer l'hiver, mais il mit plusieurs années à soumettre définitivement la Saxe. De quoi foutre le cafard... sentiment dont un scribe autochtone traduisit maladroitement par « scarabée », ce qui néanmoins inspira l'industrie locale près de douze siècles plus tard.

Mais avant de retourner vers le futur, attardons-nous un instant au palais que le roi et sa troupe ont déserté depuis une semaine.

Alcuin en profitait pour prendre son pied en faisant une entorse aux règles monacales, tout en évitant celles des moniales, alors que la reine, s'étant rendu compte qu'elle n'avait pas encore eu les siennes, s'en ouvrait à sa confidente :

– Je crois que Charles m'a de nouveau ensemencée avec succès. Mais je me sens si fatiguée de porter. Depuis dix ans, il ne cesse de me chevaucher lorsqu'il ne le fait pas par monts et par vaux... À 25 ans, je me sens être une vieille de 40.

– Ce n'est peut-être que partie remise, tu es perturbée par son départ... Patiente encore quelques jours... Carpe diem !

– Tu as probablement raison, soupira Hildegarde en caressant sa chatte. Je suis bien aise de t'avoir auprès de moi ; en plus, toi, tu n'as pas une barbe qui me chatouille les cuisses ! ajouta-t-elle en souriant.

Laissons Hildegarde, Héloïse et Ysphette entre elles et incorporons-nous dans cette coccinelle qui vient de se poser sur la feuille d'un jeune hêtre sans défenses poussant à proximité des fenêtres, pour écouter la conversation entre Alcuin et Celse... Mais si, souvenez-vous, ce novice chargé d'espionner Nabil...!

Celui-ci s'en revenait de Reims où Alcuin l'avait envoyé enquêter sur le sieur de Médois.

– Alors, que me rapportes-tu, jeune Irque ?

– Un tonneau d'un petit vin clairet !

– Fort bien ! Nous le comparerons à celui du Rhin !... Mais encore...?

– De la part de l'évêque, un crucifix, un peu lourd à porter ; j'ai plaint le baudet...

– Un crucifix, voilà qui n'est pas insupportable pour un âne bâté, voyons...!

– Oui, mais nous étions déjà deux sur son dos !

– Deux ?

– En effet... Il y avait une pauvre jeune femme sur le bord de la voie, et qui voulait se rendre à Oche....

– Et tu la prise en pitié, n'est-ce pas !?

– Bien sûr !

– Et seulement en pitié ?

– À vrai dire... Je crois que je devrai aller à confesse...

– C'est bien résumé... Mais je n'ai pas encore eu ce que j'attendais !

– Elle n'est plus avec moi...!

– Enfin, vert jeune homme ! Ta sève bouillonnante t'embrume l'esprit ! Qu'en est-il donc au sujet de Nabil ?

– Ah, oui ! Nabil !... Eh bien, il semble que l'évêque Turpin en ait entendu parler : d'après son entourage, ce serait un aventurier, originaire de la région de Cordoue, mais sans attaches familiales à Reims.

– Et pourquoi l'évêque en aurait-il entendu parler, dans ce cas ?

– Il serait à la recherche de coupes ...

– De coupes ? s'exclama Alcuin, pensant d'emblée aux coupes à clou du roi.

– C'est cela...

Chut, coupa l'érudit, allons deviser à l'extérieur ; il n'est pas intelligent de parler devant ces murs qui résonnent car ils peuvent avoir des oreilles...!

Celse ne compris pas bien le sens de cette réflexion mais suivit Alcuin qui, après tout, était son maître d'apprentissage.

Pour vous mettre dans l'ambiance, je vous raconterais volontiers qu'à l'extérieur, ils profitèrent d'un bon air pur à peine rafraîchi par la brise, mais cela serait sans intérêt, puisqu'en ce temps-là, on ne connaissait ni vernis, ni peintures, ni nettoyants ménagers qui transforment la salle de bains en palais des glaces sans effort, ni désodorisants, ni bougies parfumées ou autres produits destinés à flatter les narines, mais qui usent la santé... Bref l'air était tout aussi respirable, physiologiquement parlant, au-dedans qu'au-dehors, et les effluves naturelles n'atteignaient pas outre mesure la sensibilité des gens, que ce soit l'urine laissée dans tous les coins, ou les animaux domestiques qui partageaient le toit de leur propriétaire, comme la vache à lait et le rat dégoût. En somme, tout un ensemble de choses de la vie que l'on masquait tout de même pendant la bonne saison avec les jonchées de fleurs odorantes.

Conclusion : dehors, ça puait éventuellement moins. Mais sent plus.

Et si les deux hommes étaient sortis, la raison en était le bruit, non l'odeur ; déjà qu'ils logeaient habituellement au palais...

Alors, restons encore un peu dans la coccinelle afin de les suivre et les écouter discrètement ; de cette façon, à défaut de vous décrire le paysage, vous le découvrirez directement vous-même. Enfin, encore faut-il que vous y croyiez...

— Alors, qu'as-tu encore appris ? reprit Alcuin en scrutant les alentours.

— Eh bien, selon ce que j'ai pu entendre, Nabil serait arrivé à Reims en possession d'une coupe provenant du patrimoine de l'Eglise, et serait à la recherche de deux autres afin de réunir le lot. Ce seraient des coupes provenant du vase de Soissons et...

— Oui, oui, je connais l'histoire...

— Mais je n'ai pas encore tout dit... Il y a une chose étrange...

— Quoi ?

— Vous vous souvenez de la dame qui était en compagnie de Nabil, lorsque vous m'aviez demandé la première fois de l'espionner ? Eh bien je l'ai vu en train de converser avec l'évêque...!

— Celle avec les cheveux de feu ?

— Oui. Et je ne peux pas la confondre avec une autre car elle a aussi une partie de sa chevelure teintée de la couleur des violettes.

— Que font ces trois-là ? Seraient-ils en train de comploter contre le roi ?

— C'est étrange, en effet...

– Bon, tu as bien oeuvré, tu peux me laisser, remets-toi à Plaute et... Je pars demain pour Reims, termina Alcuin, en s'en allant, l'air soucieux.

V

« ...à la police scientifique, ils sont même capables de déterrer un cadavre et lui tirer les vers du nez ! »
(Sénèque + Ultra)

– À Reims !? Depuis longtemps ?

– Depuis 7 jours. Il est allé voir Tilpin.

– Tu veux dire Turbin ?

– Plutôt Turpin, alors... rectifia Hildegarde.

– C'est à cause de mon accent germanique, se justifia Charles. Mais toi, tu l'appelles par son nom danois ! Et je ne les aime pas trop, ces barbares. Un jour ils risquent encore de nous envahir et même de rallier Paris à drakkar...! prévint Charles. Passons... Alcuin, t'a-t-il dit pour quelle raison il est allé voir l'évêque ?

– Il m'a dit qu'il t'en parlerait à son retour. Mais il a précisé que tu devais conserver les coupes en sûreté.

– Soit, j'attendrai son retour... Et toi, comment te sens-tu ? Tu es pâle comme la lune...

– Je serai bientôt ronde comme elle ; j'attends notre neuvième enfant...!

– Eh bien, comme promis, je t'emmène à Dietenhoven où nous nous reposerons. J'espère qu'Alcuin sera de retour avant notre départ.

Et ensuite, savez-vous ce qui arriva ?

Vous n'en avez aucune idée ?... Oh, certes, plusieurs hypothèses sont envisageables, mais il ne faut pas dire n'importe quoi, non plus... !

Eh bien, sachez que vous allez vivre quelque chose de, somme toute, exceptionnel ! En effet : nous nous trouvons à un moment interactif du récit – événement récurent dans la série de mes histoires peu ordinaires.

Et qui dit « interactif », dit « intervention dans l'histoire » et même, dans le cas qui nous occupe, dans l'Histoire ! Evidemment, dans notre position, nous n'allons pas changer le cours de l'Histoire de façon sensible, mais... Bon... Allez, un chouia quand même !

Alors voilà, vous avez le choix entre deux possibilités : la première est que quelqu'un entra et annonça au roi le retour d'Alcuin ; dans ce cas, il vous suffit de continuer votre lecture tout à fait normalement. La deuxième option est que Charles laissa son épouse faire ses préparatifs de départ, tandis que lui-même alla s'occuper d'expédier les affaires courantes et de donner ses ordres pour la préparation du voyage ; si vous choisissez cette alternative, il faut sauter directement au chapitre VI. Cela vous fera un chapitre V un peu court, mais tant pis !

*

Deux coups sur la porte de bois résonnèrent dans la chambre de la reine.

– Ah ! Oui, effectivement, le son est meilleur, tu as pris la bonne décision en faisant remplacer le heurtoir par un modèle en bronze, déclara Charles, l'oreille tendue, puis, haussant le ton de sa voix royale : « Entrez ! »

Dehors, le garde poussa le battant pour livrer passage à une servante tenant une cruche en main. À l'image du récipient, la fille un peu gourde fit une bourde en se cognant à la lourde, brisant bruyamment le broc.

— Eh bien, ma fille ! C'est déjà la troisième fois, ce matin ! s'emporta le roi. Comment peux-tu encore être au service de la reine !?

Sur ces mots, la servante tourna les talons et s'enfuit en larmes.

— Voilà ! Tant va la gourde à l'eau qu'en fin elle s'en va...! constata Charles, irrité, sans savoir qu'il venait probablement d'être à l'origine d'un proverbe parvenu jusqu'à nous. Bien qu'un peu déformé, certes.

— Tu es dur avec Eve...! En outre, ce n'est pas là son principal emploi...

— Et pourquoi la gardes-tu à ton service, si elle est tant gauche ?

— Car elle est adroite de langue.

— Tu veux dire... qu'elle parle plusieurs langues ? demanda Charles, dubitatif.

— Oui da ! Le francique, le latin, l'anglo-saxon... Elle égaye mes journées en me faisant la lecture...

— Quelle érudite, dis donc ! D'où tient-elle ce savoir ?

— D'Alcuin ! C'est sa nièce, Eve Whalla ! D'ailleurs, la revoilà. Viens, entre, n'aie crainte ! la rassura la reine, je te croyais partie à jamais...

Eve posa le récipient d'eau sur un guéridon, puis s'avança vers le roi.

— Mon oncle, Alcuin, m'envoie vous informer de son retour et souhaite pouvoir vous entretenir d'une affaire. Puis elle ajouta : me pardonnerez-vous ma maladresse ?

— Je le veux bien, tu es à bonne adresse ; ton oncle est mon ami et la reine t'apprécie... Mais prends garde qu'il ne t'arrive malheur si tu ne te dégourdis pas un peu ! conseilla le souverain. Et va dire à Alcuin que je viendrai le voir ante meridiem, dans l'atelier d'écriture.

– Très bien, mon roi.

Tandis que la servante ressortait, Charles soupira :

– Tout de même, ces Anglo-saxons sont plus civilisés que ces païens de Saxons... Peut-être sont-ce les Angles qui ont arrondi le caractère de ceux auxquels ils se sont mêlés en rejoignant jadis l'île de Bretagne...

– Et ta campagne contre les Saxons ?...

– Difficile ! Ce ne sera pas la dernière, mais je finirai par les vaincre !... Et faire de toi une impératrice...!

– Penses-tu devenir empereur, un jour ?

– Hilde l'a vu...

– Encore faudrait-il que je vive jusque là...

– Dieu te prêtera vie, crois-moi...

– Sur ce sujet, je suis justement prête à croire Dieu, bien plus que toi...

Cette remarque indique que Hildegarde était certainement pieuse, alors que nous avons vu que Charles était plutôt pieut. Mais, bon, ça les regardait, eux...

– Je sais, je ne suis pas tout puissant...!

– Ni impuissant ! D'ailleurs, Hilde ne t'avait-elle pas mis en garde contre les risques de nombreux accouchements ? reprit la reine.

– Mais tu es si fertile et moi si fougueux... Et j'ai du mal à résister à tes charmes...

– Pas qu'aux miens, n'est-ce pas !

– Eh bien...

– Ne dis rien. Je sais que je suis, seule, ta bien-aimée... Si cela peut calmer tes ardeurs et m'éviter quelques grossesses supplémentaires... conclut Hildegarde dont les paroles trouvaient certainement leur motivation autant dans la résignation que dans la clémence.

– Qui est Clémence ?

– Ma chambrière.

– Très bien… ! Fais-la donc venir afin de commencer tes préparatifs de voyage pour Dietenhoven. Quant à moi, je vais, de ce pas, voir Alcuin. À plus tard, ma bien-aimée !

termina le roi en appliquant un baiser sur le front de sa femme avant de sortir.

*

L'atelier était bien éclairé, selon les vœux du roi qui voulait que l'on puisse étudier et écrire dans de bonnes conditions. D'ici, devaient sortir les élites du royaume qui représenteraient la puissance impériale, Alcuin étant chargé de leur formation et de l'organisation de l'instruction. Avec un oeil d'aujourd'hui, on verrait en lui une sorte de cumulard ayant, à la fois, les fonctions de ministre de l'éducation et de directeur de l'ENA. Ce fut lui qui fit le plus gros boulot quant à l'école, ce que Sheila a omis de dire dans sa chanson des années 60.

En voyant entrer Charlemagne, les élèves le saluèrent avant de sortir, sur invitation d'Alcuin.

– Je suis heureux de te retrouver, Charles.

– Moi également, répondit le Magne qui opina en lui donna l'accolade. Mais pas de piña colada, car il était encore trop tôt.

– Comment te portes-tu, après tant de batailles ?

– Je reviens vivant et en pleine possession de mes moyens, n'est-ce pas là l'essentiel ?

– Et les as-tu enfin vaincus ?

– J'ai gagné des batailles, certes, mais pas encore la guerre. Tant que vivra Widukind, il y aura de nouveaux soulèvements. J'ai établi Renaud sur place pour surveiller les Saxons, dit Charles en se frottant le nez.

– Renaud, le fils d'Aymon ?

– Mais non ! Pas ce scélérat ! Je parle de Renaud Auban d'Essey... Il m'avertira ainsi des mouvements d'opinion ; car tu sais, c'est comme une folle... *ksss*... vague enne... *ksss*... mie qui vient rouler sans cesse sur ce coin du royaume.

– Tu as pris froid ?

87

– Je crois plutôt qu'il y a quelque chose dans l'air qui me pique le nez.

– Le pollen, peut-être...

– Cela va mieux ; parlons donc de cette affaire qui t'a mené à Reims.

Alcuin proposa un siège au roi et prit place à son côté.

– Voilà...

– À propos, j'ai fait connaissance de ta nièce, ce tantôt ; elle semble plus agile des mots que des mains...!

– Ma nièce ?

– Oui. Ève... !

– Ève...? Ev...idemment !...

Charles se pencha vers Alcuin.

– Je suppose que ce n'est pas vraiment ta nièce, n'est-ce pas ?

– Nous n'avons pas de liens de sang, c'est exact...

– Bon, il suffit, coupa le roi en souriant, parle-moi de ton affaire.

– Eh bien, peu avant ton départ pour la Saxe, j'ai chargé l'un de mes élèves, discret et débrouillard, d'aller enquêter sur Nabil, un homme dont j'ai toujours soupçonné de mentir sur lui-même et ses intentions. Sa soi-disant érudition m'a toujours laissé perplexe...

– Tu ne m'en as pas parlé...

– Ce n'était qu'intuition, je voulais en avoir le cœur net avant d'en dire quoi que ce soit... Et donc, Celse (mon élève) a surpris une conversation entre Nabil et Mesch...

– Mesch ?

– Mesch... Cette femme qui teint ses cheveux d'une couleur violacée... Tu la connais...

– Mais ouiii ! Elle est venue me voir à Strateburgum, il y a quatre ans...

– Ils ont parlé de coupes...

– Ah, tiens ! Nabil s'intéressait à la coiffure ?

– Eh oui, c'est ainsi...! Cependant, leur conversation ne tournait pas seulement autour d'une histoire capillaire ; le sujet portait essentiellement sur les fameuses coupes forgées dans le métal du vase de Soissons dans lesquelles sont sertis les clous du Christ !...

– Au fait, était-il quincaillier ?

– Il aurait pu tout faire mais, en l'occurrence, il s'agit des clous ayant servi à le fixer sur les planches.

– Quel artiste ! Bon, passons ! Dois-je comprendre que ces deux-là complotaient pour ravir mes coupes ?

– Je ne pense pas que ce soit dans l'intention de Mesch ; en revanche, j'ai tout lieu de penser que l'objectif de Nabil est de réunir les 3 coupes pour son propre intérêt !

– Et sais-tu pourquoi Mesch ne m'en a pas averti ?

– Elle est tombée brusquement malade. Nabil a dû lui faire absorber un breuvage qui l'a affaiblie et provoqué des délires.

Quand elle a recouvré ses esprits, au bout de deux jours, elle s'est retrouvée en train de gésir sur la paillasse de son logis, en partie nue, concluant que Nabil avait en outre profité de la situation... À ce jour-là, tu étais déjà parti. Elle s'est alors rendue à Reims pour rencontrer Turpin et l'avertir.

– De qui tiens-tu cela ?

– Pour une part, de Turpin lui-même et, pour une autre part, de Celse... Il les a suivis jusqu'à la maison où elle avait trouvé hébergement. Là, tous deux ont encore fait causette...

– Les misérables...

– Après le départ de Nabil, mon jeune élève est entré, découvrant Mesch écroulée, la tête dans ses bras, sur la table où des gobelets renversés indiquaient qu'ils avaient certainement du boire ensemble. L'endroit était austère, sombre, et...

– Oui, oui, bon, c'est pas la peine d'en faire un roman...! s'impatienta le roi.

– Il l'a alors allongée, continua Alcuin, et... a profité de la situation.

– Hoho ! s'exclama Charles en riant. Tu le disais discret !...

– Mais également débrouillard ! rappela l'érudit. Un brin timide, le jeune Irque a voulu saisir l'occasion de se déniaiser, comprends-tu...

– Piètre performance ! On ne fait bien le mâle qu'avec des femelles qui bougent !.. Mais revenons à Nabil ; savait-il où se trouve la troisième coupe ?

– Oui.

– Aha ! Et où ?

– À Reims, chez Turpin. Nabil l'a su en réussissant à tirer les vers du nez de Mesch à ce sujet. Celle-ci avait, en effet, remarqué que tu possédais deux coupes identiques à celle qu'elle avait aperçue sur l'autel de l'église de Reims en rendant visite à l'archevêque, quatre ans plus tôt.

– Elle a le sens de l'observation !

– Il faut donc te méfier de Nabil et mettre tes coupes en sûreté.

– Ne t'inquiète pas, mon ami. Nabil ne me nuira pas, assura le monarque en se levant. Nabil est mort.

– Comment ? s'étonna Alcuin.

– Tué par un Saxon. Il était malhabile au maniement de l'épée et peu prompt à l'assaut. En fait, je l'avais pris à mon service pour le faire écrire et non férir. Et il n'avait d'ailleurs pas de quoi me faire rire. Or, il y a cinq jours, provoqué par Jonas, il a pris son cheval en jurant qu'il reviendrait avec la tête d'un ennemi. Et il est revenu sans.

– Il n'a pas trouvé l'ennemi ?

– C'est l'ennemi qui l'a trouvé, et nous l'a renvoyé sur son cheval, décapité !

– Malheureux cheval...

– Cheval ?

– Euh, Jonas...!

– Tu n'as pas entendu ? Je parlais de Nabil.

– Certes, mais Jonas doit se sentir coupable...

– Seul Nabil l'était ; il l'a bien montré en perdant la tête... Mais, pour en revenir à Mesch, penses-tu vraiment qu'il n'y avait pas acoquinement de Mesch avec Nabil ? supposa le roi en initiant involontairement une nouvelle expression.

– De Mesch avec Nabil ? Jje ne le crois pas. Le témoignage de l'évêque me l'a également confirmé, répondit Alcuin. Elle a été abusée par cet homme qu'elle avait vu auparavant en ta compagnie.

– Sais-tu où elle se trouve actuellement ?

– Non. Mais pas à Oche, à mon avis. D'après Turpin, elle serait repartie vers le levant.

Le roi se leva justement et fit quelques pas vers la fenêtre.

– Le soleil est au zénith ; si tu n'as plus rien à ajouter, accompagne moi ; je vais régler mes affaires puisque j'emmène Hildegarde au bord de la Moselle où nous prendrons quelques temps de repos. D'ores et déjà, je te charge de réfléchir à l'organisation de l'enseignement dans le royaume. N'hésite pas à former d'autres élèves qui devront aussi apprendre des langues vivantes – dont le latin – car je songe à étoffer mon administration dans les années à venir pour envoyer des représentants dans tous les pays.

– Moi-même, je peux leur enseigner la langue des Angles...

– Pourquoi pas le mandarin, tant que tu y es !? Il faut toutefois privilégier le francique, car notre langue est promise à se répandre sur un immense territoire !

– À part cela, ne souhaites-tu pas récupérer la troisième coupe ? demanda Alcuin, un peu surpris que ses informations n'aient pas plus d'effet.

Le roi se retourna vers Alcuin avec un sourire énigmatique.

– N'as-tu pas remarqué que, depuis quelques années, depuis que je possède la deuxième coupe, mon action devient plus efficace et que le royaume franc ne cesse de s'agrandir ? Je sais que je finirai par bâtir un nouvel empire d'Occident. Et la troisième coupe sera certainement la clé de cette réussite.

Sache donc que j'ai bien l'intention de la faire mienne. En attendant, je te remercie, mon ami, de ton action et de ta fidélité.

— Et crois-tu pouvoir convaincre l'archevêque de te la céder ?

— J'ai converti Widukind et ses Saxons, je bâtis des abbayes un peu partout, je vais fonder un empire chrétien ; ce grand service pour l'Eglise mérite bien une petite coupe ! argua le roi avant de sortir en hochant la tête.

VI

« *I hope that someone gets my message in a bottle* »
(The Police)

Avant de sortir en Oche en tête du cortège de sa cour, Charles devait donner ses instructions à l'intendance. Oui, quand on est roi, on a beaucoup de responsabilités, vous ne pouvez pas savoir ! À moins que vous ne soyez un souverain.

Il fit donc appeler le chambrier, le vieux bouteiller, l'archichapelain, le grand sénéchal et un certain nombre d'autres individus à dénomination typique, pour leur confier les tâches et missions à accomplir durant son séjour dans cette région que l'on n'appelait pas encore la Lorraine, puisqu'elle se fondait dans un vaste territoire englobant l'Alsace, la Champagne, les Ardennes et bien d'autres pays encore, en constituant le royaume des Francs dans une fusion qui ne plaisait pas à tout le monde. Et puis Lothaire n'en avait pas encore hérité ; chaque chose en son temps.

Soudain, le barbu de la volerie fit irruption dans la salle :

– Seigneur, j'ai un CMC pour vous.

– Un CMC ?

93

– Oui, un court message par colombe.

– Je sais ce que c'est qu'un CMC, parbleu ! Donne !

– Je ne suis pas Barbe-Bleue...

– Tu es sourd, volailler ? Je ne t'ai pas appelé ainsi, barbe noire !

– Je ne suis pas Barbe-Noire...

– À propos, comment te nomme-t-on ? Barbelongue ? Barbecue ?

– Hubert. Hubert Pop, précisa l'homme.

– Bien. Serais-tu taxidermiste également ?

– Oui. Mais je travaille uniquement du rapace, pour ne pas mettre celui de la ville sur la paille ; il était installé ici avant moi...

– Fort bien, alors tu me prépareras ce faucon.

– Celui de la ville ?

– Non, celui-là en est un vrai. Je veux celui que tu portes sur l'épaule.

– Permets-moi de refuser; je tiens à Corto.

– Tu as nommé ce faucon Corto ?

– Il est maltais. Ne me demandez pas de l'occire, sire.

– Ne fais pas l'hurluberlu, Hubert le barbu ! tonna le monarque. Laisse donc vivre cet animal jusqu'à son trépas naturel ! Trépane-le ensuite ! Et maintenant, cessons ce blabla car j'ai d'autres préoccupations, termina Charles.

Le roi alla chercher un peu de lumière près de la fenêtre et déroula délicatement le parchemin sur lequel on avait inscrit à l'encre sépia quelques mots qu'il entreprit de déchiffrer. On ne sait pas si la difficulté de lecture tenait à une déficience visuelle ou à la piètre qualité de la calligraphie; quoi qu'il en soit, Charles comprit le message.

Celui-ci émanait de Turpin. L'archevêque n'était pas réputé pour avoir un caractère volcanique mais il avait des émanations, comme tout le monde. La présente visait à informer le roi qu'on lui avait dérobé sa coupe (la fameuse, appartenant au trio recyclé du vase de Soissons).

Il enjoignait aussi Charles de se tenir sur ses gardes, ne se doutant pas que ce dernier aurait préféré s'allonger sur leurs femmes...

Après cette lecture confirmant les dires d'Alcuin, le monarque demeura pensif et leva le menton tout en réenroulant machinalement le parchemin, le regard fixé sur l'agitation de la ville qui s'étalait au-delà de l'enceinte du palais. Un vol d'oiseaux passa sous les nuages. Un pigeon se posa sur un pignon, des colombes se nichèrent sous des combles et quelques tourterelles tournoyèrent au-dessus des tourelles.

Était-ce un présage ?

Oui : il se mit à pleuvoir.

– Hubert, je vais te donner un message pour Reims, déclara le Magne.

Je crains que ce ne soit possible, sire.

– Pour quelle raison ?

– Le colombier est vide, il faut le recharger.

– Bon. Dans ce cas, j'emploierai la méthode anglo-saxonne : je jetterai une amphore à la mer...

– La mer est loin, Sire...

– Oui, tu as raison, mon royaume est si vaste que je m'y perds un peu. Dans ce cas, j'enverrai un émissaire à cheval.

– Je voudrais attirer votre attention, Sire, sur le fait que ce sera plus long, intervint le bouteiller, la route d'un cheval n'est pas pareille qu'à vol d'oiseau...!

– Je t'entends, vieux radin, tu préfères les pigeons ! rétorqua le roi en riant. Mais, après tout, ce message ne provient pas du pape, alors inutile de s'en faire géhenne... conclut-il. Quant à toi, Hubert, veille à ce que le pigeonnier soit approvisionné, à l'avenir, si tu veux rester ici.

– J'y veillerai, sire ! dit l'intéressé avant de se retirer.

Le roi fit alors quérir Othello puis, en attendant qu'il arrivât, s'adressa à l'assemblée de son personnel :

– Officiers ! Je veux que, pendant mon absence, vous réfléchissiez au développement de cette ville. En raison de sa position centrale, je songe, en effet, à faire d'Oche la future capitale du royaume qui ne cesse de grandir et que je veux étendre de l'Aquitaine à la Saxe et de la Frise à Rome... au moins.

Je veux faire de la chrétienté le ciment de ce large territoire ; il faudra voir à y bâtir nombre de chapelles, abbayes et autres nids à religieux, qui rythmeront les journées du peuple par le son des cloches et les palabres des abbés. Ou l'inverse. Ici, j'en veux une remarquable, pour le prestige. Et un palais aussi, plus grand que celui-ci, qui comprendra mon logement, celui de mon épouse et de ma famille avec la cour, une école avec sa cour, un bâtiment pour la garde et son tour, une grande salle pour les assemblées ainsi que cuisines, thermes et toutes commodités, déclara le roi, tel un agent immobilier.

Car, ce jour, je pars avec ma chère Hildegarde pour mon palais de Dietenhoven où nous ferons un séjour afin qu'elle puisse donner naissance à notre prochain enfant dans le calme. Je reviendrai ensuite pour de nouvelles campagnes de pâtée à mettre aux rebelles et à ceux qui font une cirrhose de foi... Et aussi conquérir quelques terres au passage... Ah ! Voici Othello, constata Charles en prenant à part son compagnon qui s'approchait.

Othello, je te charge d'une mission : tu vas aller à Reims voir l'archevêque...

– Je ne sais pas à quoi il ressemble...!

– Je n'ai pas de photo, mais tu le trouveras facilement en te renseignant près de l'église principale. C'est celle autour de laquelle prospère un grand centre commercial.

– Ton érudition est remarquable mais, voilà, quoi ; je n'ai pas la même culture, alors, voilà, il y a des mots que... voilà. En fait, c'est quoi une photo ? Et un centre commercial ?

– Arrête de truffer tes phrases de « voilà », juste pour parler et ne rien dire ! Moi-même, je ne sais pas d'où me viennent ces mots, fit le roi avec agacement, ce doit être un sort de Hilde.

– Je ne suis pas non plus coutumier de l'emploi du « voilà ». C'est étrange... insista Othello.

– Bon, ta mission, si tu l'acceptes, consiste à enquêter auprès de Turpin et de son entourage au sujet d'une coupe qu'on lui aurait dérobée. Vérifie ce fait. Pour peu qu'il soit désordonné, il l'a peut-être simplement égarée, voire déjà retrouvée. Ensuite, essaye de savoir qui serait le coupable... Bien que j'aie mon idée... Tu as une carte d'identité ?

– ...Non...!

Charles fit signe à Alcuin d'approcher.

– Tu rédigeras une recommandation pour Othello, que je signerai. Il part pour Reims dans la journée.

La porte de la salle s'ouvrit, un serviteur se présenta sur le seuil.

– Sire, une femme nommée Hilde souhaite vous parler.

– Fais-la entrer, ordonna le roi avant de congédier ses officiers.

Ceux-ci sortirent à la queue leu leu et la femme fut introduite.

– Je te salue, Charles !

– Hilde ! Encore toi ! Je te croyais à Mulinhuson ! Je comprends maintenant nos paroles étranges... Que viens-tu faire à nouveau ici ? M'annoncer un dixième enfant ? Le neuvième n'est même pas encore né...!

Hilde ignora le sarcasme.

– J'ai eu une vision. J'étais au trou de la chatte et j'y ai senti la présence de Médois.

– C'est une sensation, pas une vision.

– Patiente, que je continue le récit... Comme le soir tombait, je n'étais pas quiète, alors je suis retournée dans ma maison. Presque aussitôt, j'ai fait un songe. Et à l'aube, quand je me suis rendue au village, ce songe à pris forme réelle : j'ai vu quelqu'un que tu connais entrer dans l'Auberge Rouge du Moulin.

— Et...?

— Il tenait une coupe dans sa main, lâcha Hilde, marquant une pause avant de reprendre : peu de temps après, il est ressorti sans.

— Ressortissant d'où ?

— De l'auberge !...

— Et la coupe ?

— Certainement restée à l'auberge.

— N'es-tu pas allée t'en enquérir ?

— Je ne suis pas flic.

— C'est-à-dire ?

— Cela ne me concerne pas.

— Et « il », c'est qui ?

— Médois.

— Tes doigts ?

— Nabil, voyons !

Le roi considéra la devineresse en prenant un air dubitatif.

— De quand date ta vision ?

— Trois jours.

— Alors tu fais erreur.

— Je ne pense pas.

— Nabil est mort. J'ai vu son corps.

— Peut-être as-tu mal vu...

— Ben voyons ! J'ai reconnu ses vêtements et sa bague à l'index.

— Douterais-tu de mon don de double vue ?

— Un excès de vin, cette fois ! Quoi qu'il en soit, je te remercie pour ta fidélité et je vais te faire donner quelques pigeons...

— Je n'ai pas faim, et...

– Il ne s'agit pas de nourriture mais de messagers qui t'éviteront les déplacements ! Un pigeon consomme moins qu'un cheval et coûte moins cher en entretien...

– Très bien, je te rends grâces pour ta sollicitude, mais...

– Et tu iras voir le chambrier afin qu'il te remette une bourse en récompense.

– Avec des pièces d'or dedans ?

– Bien entendu ! Pas avec des couilles !

– Tu es grand et généreux, Charles. Tu peux compter sur ma fidélité et je ne manquerai pas de te pigeonner dès que nécessaire.

Eh bien, on peut douter de Hilde, j'ai l'impression...

– Ne dis pas de sottises, Jean, on est au VIIIème siècle, les mots n'ont pas le même sens qu'aujourd'hui.

Ben ça ! On dirait que Hilde a entendu !

Exactement ! Chacun à sa place et les vaches seront bien gardées.

Bon. Laissons donc Charles avec les autres ; cela fait depuis le premier chapitre de ce livre que nous le suivons, alors je vous propose d'aller voir ailleurs ce qui se passe, en l'occurrence quelque part en Saxe, une semaine auparavant.

*

– Ainsi, tu me crois, couard ! Je vais te montrer que je ne crains pas le Saxon, et t'en rapporter une tête ! s'exclama Nabil avant d'enfourcher, dans la foulée, une monture et de s'en aller dans un galop ponctué de « Yah ! Yah ! » comme on l'entend dans les westerns.
Arrivé à la hauteur du « Frêne des 4 fers », sanctuarisé par les autochtones, il obliqua pour s'enfoncer dans la forêt, à une demie lieue du campement qu'il venait de quitter.

– Ce niais va se jeter dans la gueule du loup en entrant dans la sylve, commenta Jonas à l'adresse de Pépin, j'ai vu des Saxons s'y réfugier, à la fin des combats.

99

– Nous aurions dû le prévenir...

– Trop tard, repondit le roi d'Eckohn avec un léger sourire. Et puis, personne ne lui a demandé d'aller combattre ! Il n'est plus un damoiseau, il sait ce qu'il convient de faire...! conclut-il en invitant son interlocuteur à l'accompagner jusqu'à la tente du Magne. Viens, Pépin, allons informer Charles que le dernier embauché est devenu chasseur de tête !

Les deux compères oubliaient que, loin d'être débile, Nabil avait acquis une longue expérience de baroudeur à travers le monde. Lui aussi avait remarqué ces hommes se repliant dans les bois.

Peu après avoir passé l'orée, il s'était arrêté, délaissant son cheval pour grimper dans un tilleul monumental et attendre. Et non pas dans l'idée de cueillir des feuilles pour s'en faire une tisane.

Il resta ainsi assis un long moment sur sa vieille branche avec laquelle il aurait pu se lier d'amitié. Au bout de deux heures, sa patience fut récompensée. Des pas lents, prudents, approchaient en faisant craquer des brindilles mortes qui reposaient en paix sur la terre humide.

De son perchoir, il aperçut un casque passer sous l'arbre. Un casque Saxon à n'en pas douter, car il ne faisait pas un crâne d'œuf à celui qui le portait, comme le modèle franc.

Une fois l'homme arrivé à sa verticale, d'un coup de reins, Nabil se fit choir sur lui. Acte imprudent car, à l'inverse de ce qui se passe dans les films, on risque de se faire très mal, de se casser une côte, qui sait, même de s'éclater le foie !

D'ailleurs, Nabil en fut estomaqué, et faillit perdre connaissance sous la violence du choc. Mais il ne resta pas longtemps à terre et se releva promptement, se tenant le ventre d'une main, cherchant son épée tombée dans les feuilles de l'autre, pour parer la riposte. L'ennemi, cependant, gisait de tout son long sur le sol, sérieusement estourbi. Alors, pour parfaire la tâche, Nabil leva l'épée puis la rabattit en transperçant le poitrail du Saxon.

Il entreprit ensuite de le déshabiller (n'ayez pas d'idées coquines) et en fit de même afin d'échanger les vêtements.

Il avait eu de la chance que le premier arrivé ait à peu près sa corpulence, voilà pourquoi il n'avait pas hésité avant de l'assaillir.

Une fois tous deux rhabillés, Nabil lui enfila au majeur une belle bague richement ornée. Cela lui fit un pincement au coeur car ce bijou était un souvenir subtilisé à Haroun (ar-Rachid et non Tazieff car il n'était pas volcanologue mais calife de Bagdad, une ville ou l'on savait s'éclater sans que ce soit mortel). Puis il considéra le travail. Un détail encore à régler : il reprit son épée, trancha le cou de l'autre puis fit rouler la tête perdue dans un trou et la recouvrit pour qu'elle n'éveillât pas l'attention d'un éventuel compagnon à sa recherche. Il hissa ensuite le cadavre sur son cheval, qu'il mena jusqu'à la lisière de la forêt. Là, il donna une claque sur l'arrière train de la monture. Celle-ci le prit mal, car c'était une jument qui n'aimait pas qu'un homme lui tapât sans vergogne sur les fesses. Elle tenta une ruade, mais n'atteignit pas l'objectif. Vexée, elle partit au trot, le ballot morbide sur le dos, en direction du campement des Francs où elle y avait son ami Achille l'étalon, accomplissant de fait la volonté de Nabil.

Celui-ci n'en avait pas fini avec son affaire ; il lui fallait maintenant trouver un autre canasson. N'ayant point l'envie d'aller en piquer un aux Saxons, susceptibles de caractère, et de se trouver trop longtemps dans les parages, il décida de se rendre à pied au hameau le plus proche. Lui et les autres guerriers s'y étaient déjà arrêtés dans la matinée pour s'y remplir la panse, crever celle des habitants mâles et abuser de leurs femmes dont ils avaient toutefois daigné préserver les entrailles qui porteraient peut-être bientôt les fruits de leurs accouplements sauvages. Un tel endroit ne risquerait pas de lui opposer grande résistance – sous réserve d'avoir vérifié, au préalable, que d'autres autochtones n'y étaient pas arrivés entre temps.

Les lieux n'avaient pas changé depuis leur départ. Les femmes, aux yeux cernés, tentaient de reprendre leur vie quotidienne en se débrouillant toutes seules, comme à l'habitude lorsque les hommes sont au combat ou saouls.

Elles n'eurent même pas peur en voyant Nabil arriver, son arme à la main. Que risquaient elles encore de pire ?

Il se saisit d'un morceau de viande sur une broche, de la cuisinière pour lui mettre un dernier souvenir et s'en alla sur une vieille carne, le seul cheval que le village avait pu conserver après le passage des Francs, au matin.

Puis Nabil partit pour Reims. Il voulait enfin réaliser son souhait et cela commençait par un passage chez l'évêque qu'il savait maintenant détenir l'objet de sa convoitise.

Il ne traîna pas sur la route en d'inutiles libations ni de furtives fornications, parvenant ainsi à destination au bout de quatre jours. Il voulait agir dans l'urgence car, ce faisant, même si on le croyait mort, il éviterait certainement quelqu'un le reconnût tout de même, et que la supercherie fût éventée.

*

Il avait guetté le départ de Turpin avant de s'introduire discrètement par une porte latérale dans la nef de l'église puis, en longeant les murs, avait gagné son chœur sans faire preuve d'aucun romantisme.

De pâles rais de lumière perçaient la pénombre. Là, sur l'autel, trônait-elle ? Était-ce elle, sans étincelle ? Il aurait aimé s'en assurer, mais, sans éclairage divin ni lampe de poche, cela se révélait difficile.

Il décida de s'emparer de l'objet, quitte à le jeter ensuite, s'il ne présentait aucune valeur.

102

Soudain, alors qu'il n'y avait âme qui vive en ces lieux, une voix résonna :

– Que fais tu donc, Nabilo ? Tu prends ce qui a été donné par Pepino, le maire du palais. Cela revient à Rome !

Je veux ici ouvrir une parenthèse que l'on considérera comme refermée à la fin de ce propos : personnellement, je ne crois pas trop dans ces affaires de voix, mais c'est ainsi que les faits son relatés dans le Grimagine. Par ailleurs, au Moyen-Âge, on se targuait assez facilement d'entendre des voix divines. Je vous retranscris donc les événements tels qu'il en est fait mention dans l'ouvrage.

Reprenons.

Nabil sursauta en entendant ces mots qui, semblait-il, lui étaient adressés, alors qu'il n'avait aucun point commun avec Fernandel. En outre, il n'aimait pas ces mots en « o » pour faire romain. Mais il comprit également qu'il avait fait la bonne pioche.

– Qui es-tu ? demanda-t-il en scrutant alentour.

– Jésus, bien sûr !

– En es-tu bien sûr ?

– Oui.

– Ah bon ? Et alors ?

– Tu dois craindre mon courroux si tu dérobes cette coupe !

– Et pourquoi te craindrais-je ?

– N'importe quel chrétien le ferait.

– Bah ! Je ne suis pas chrétien et encore moins crétin, alors...

Sur ces mots, Nabil quitta les lieux, pensant à la tête que devait faire le lascar sur sa croix, de surcroît si bien accroché qu'il ne risquait pas de lui courir après.

Son forfait accompli, Nabil ne s'attarda pas à Reims et prit la direction de l'est, comptant aller mettre cette coupe en lieu sûr avant de s'occuper de ses deux soeurs.

Il avait d'abord prévu de cacher l'objet dans le trou de la chatte, à proximité de la demeure de Hilde mais, si la devineresse chérissait les félins, elle n'accepterait certainement pas un félon. Il décida donc de se rendre plutôt à l'Auberge du Moulin Rouge où il trouverait bien un prétexte pour l'y laisser le temps nécessaire ; le récupérer ensuite ne devrait pas poser de problème, quitte à employer la force si besoin était.

Il s'y repus ainsi, le soir venu, et y passa la nuit. Au matin, il s'absenta, puis revint. À titre de paiement, il donna la coupe en gage, promettant de venir la récupérer contre des espèces sonnantes quelques jours plus tard.

— Comment puis-je être sûr que tu reviendras pour payer ? s'inquiéta l'aubergiste.

— Si ce n'est pas le cas, tu n'auras qu'à vendre cette coupe, répondit Nabil.

— A-t-elle de la valeur ?

— Ne sois pas niais, intervint la femme du tenancier, il ne va pas te dire le contraire !

— Mais ne voyez-vous pas comme elle est magnifiquement ouvragée ? insista Nabil en faisant miroiter le métal du récipient à la lueur des bougies.

— Oui, bon, ça reste un gobelet... rétorqua l'homme en versant du vin dans la coupe.

— Mais que fais-tu ?

— Je veux voir si elle est étanche... En cas de soif...

— Prends garde, elle a plus de valeur que tu ne crois !

— Bon, ça va, on la prend, intervint de nouveau l'épouse de l'aubergiste, car, déjà en ce temps-là, les femmes avaient pas mal d'intuition quant aux affaires d'argent.

Celle-ci prit la coupe d'une main, en vida le contenu sur le sol et, de l'autre, saisit la main de son petit garçon, un blondinet au front orné d'une mèche rousse, et s'en alla en l'emportant.

— Viens, Colin, allons ranger ça, dit-elle en quittant la pièce.

– Je serai bientôt de retour ! affirma Nabil avant de sortir.

Puis il monta sur son cheval et prit la direction de Dietenhoven.

VII

— Nous y voici enfin, à Dietenhoven, ma tendre Hildegarde, et tu vas pouvoir te reposer en attendant les prochaines couches.

— Je crois que ce sera un repos éternel... lâcha l'épouse royale, déprimée, dont la pâleur diaphane du visage faisait ressortir les grands yeux verts.

— Que dis-tu là ? Tu es déjà passée par de grandes épreuves, souviens-toi, avec les jumeaux, et tu t'en es remise, voulut la rassurer Charles. La force est en toi !

— Pourtant, il s'en était fallu d'un iota que je rejoigne l'au-delà ; tandis que tu allais en guerre, moi je voyais des étoiles....!

— Voilà pourquoi je préfère que tu ne m'accompagnes pas lors de mes campagnes. Et cette fois, je ne te laisserai pas.

— Plus le royaume s'agrandit, plus tu es sollicité. Je suis sûre qu'il se trouvera des Saxons pour jouer les anars, des soulèvements chez les Lombards et, bientôt, viendront les Avars...

– Les Saxons ne déborderont pas de leur Saxe, les Lombards se contenteront de leur Lombardie, quant aux Avars, je ne cèderai rien ; au pire ils auront leur Avarie et resteront sur place. Et pour toutes affaires urgentes, j'enverrai mes hommes de confiance, mes fidèles compagnons ! promit Charles. Mais tu as raison, Hildegarde, je ne peux pas être partout à la fois, voilà pourquoi je songe aussi à utiliser les services de « missi dominici »...

– Miss Dominique ? Qui est cette femme ? Une reine de beauté lombarde ?

– Que non, oyons, ma doulce ! C'est du latin et cela signifie « envoyés seigneuriaux ».

– Je suis Suève et je commence seulement à parfaire mon francique, alors le latin, pour moi, c'est du génois ! Tu le sais bien, Charles. Mais je souhaiterais l'apprendre... Et l'écriture aussi ; ne pourrais-tu demander à Alcuin de me l'enseigner ?

– Ce n'est point occupation féminine que l'apprentissage de langues et de calligraphie...!

– Et pourquoi pas ? Un jour les femmes monteront à cheval et il s'en trouvera une, vaillante, pour mener la troupe au combat...

– Hoho ! Est-ce ta robe écarlate qui te donne ainsi ces élans rebelles ?

– Ce ne sont que des paroles en l'air... Autant en emporte le vent... Mais l'idée d'écrire un récit sur une guerrière du futur occupe mon esprit depuis fort longtemps.

– Impossible. Le futur, seul Dieu le connaît, et il faudrait que tu entendes des voix pour cela. Mais, si d'apprendre peut te donner la joie de vivre, je ne m'y opposerai pas. Ceci dit, je te laisse céans avec tes chambrières pour que tu puisses tranquillement t'installer, tandis que je vais m'occuper de mes affaires. Lorsque le soleil sera au zénith, nous prendrons un repas, puis nous irons nous promener le long du fleuve et profiter un peu de la douceur de l'air en restant à l'abri des ramures pour que tu ne prennes pas un coup de chaud.

— Avec plaisir ! Mais j'espère que tu n'en prendras point toi-même et ne voudras m'allonger dans les hautes herbes... !

— Je ne suis pas un sauvage, tout de même ! Je vois bien ton ventre rebondi et la pâleur sur ton visage...

— Oh, tu es un noble conquérant, mon Charlie ! Tu sais aussi bien conquérir une femme par le charme qu'un peuple par les armes, ravir le coeur de l'une et arracher celui de l'autre.

— Oh, ma féconde ! Cette faconde et cette façon de flatter te viennent-elles des ménestrels et des trouvères que tu vénères ?

— Point ne faut de fiel, quoi de plus véniel ? C'est leur art que j'admire et non le rire d'Adhémar !

— Adhémar Haut-Quart de Tours ? Il est de retour ?

— Il le fut, mais il est déjà reparti après s'être fâché avec Lioba qui s'est refusée à lui.

— Tant mieux. Je n'apprécie pas cet homme excessif, qu'un rien énerve, et qui rit à gorge déployée à la moindre amusette... Bon, à tout à l'heure...!

*

Ils passèrent une après-midi à flâner paisiblement au bord de l'eau, sous les chênes qui commençaient eux aussi à glander, annonçant l'automne.

Sur le chemin du retour vers le palais, ils aperçurent un homme courant à leur rencontre.

— J'ai l'impression qu'il y a Pépin... commença Hildegarde.

— Bien vu, coupa Charles, il doit y avoir un problème...

— Charles ! appela Pépin de loin en faisant de grands gestes.

– Qu'y a-t-il ? cria l'apostrophé roi.

L'autre, essoufflé, ne put plus hurler. Arrivé auprès du couple royal, il expliqua en haletant :

– J'ai vu un fantôme !

– Qu'as-tu bu ?

– Non ! J'ai dit « j'ai vu »...!

– Tu as dit « un fantôme ».

– Oui, c'est ça !

– Donc, tu as bu trop de vin !

– Point du tout !

Pépin souffla sous le nez du monarque pour prouver sa sobriété.

– Mon Dieu, tu as de ces chicots ! réagit la reine en grimaçant.

– Bon, ça va ; arrête, ça sent le poisson crevé...!

– C'est vrai, Charles, cela me coupe l'appétit...! renchérit la dame.

Décontenancé, Pépin ne dit mot.

– Qu'est-ce qui te coupe la chique ? s'enquit le roi.

– Justement ! Les coupes !

– Quoi, les coupes...?

– Tes coupes sacrées ! Elles ont été dérobées !

– Hein !? Par qui ?

– Nabil !... Ou plutôt son fantôme !

– Non. Pas son fantôme. Ces croyances sont bonnes pour les esprits simples. Non. Je suis sûr que c'est l'oeuvre de Nabil...

– Voyons, Charles, tu as pourtant vu son corps étêté cet été !

Le roi se redressa et déclara, sur un ton empreint de certitude :

– Ce n'était pas le corps de Nabil ! Vous y avez tous cru, mais pas moi.

– Pourtant, tu avais semblé... se risqua Pépin.

Charles prit son épouse par le bras et marcha en direction du palais. Son jeune compagnon, suspendu à ses lèvres, leur emboîta le pas en tendant l'oreille et tout cela en même temps, sans qu'il en fût déformé le moins du monde.

– J'ai joué le jeu pour savoir quelles étaient ses intentions... Je me suis toujours douté qu'il attendrait le moment opportun pour ravir les coupes, annonça Charles.

– Et ce corps... ?

– Sûrement celui d'un Saxon qu'il avait décapité (n'oublie pas qu'il sait manier l'épée) et revêtu de ses oripeaux ; puis il lui avait glissé sa grosse bague au doigt pour donner l'illusion que c'était lui, et sans qu'il en fût marri. Il est malin, mais pas suffisamment pour me duper. J'avais remarqué que le poitrail du mort était transpercé, mais non les vêtements ! Ceux-ci portaient seulement les traces du sang qui avait suinté de la plaie. Et, enfin, il avait tous ses doigts !

– Tu es vraiment très observateur et malin, Charles, dit Hildegarde en posant sa main sur celle de son époux.

– Mais, que comptes-tu faire maintenant. Il a fui à cheval avec le trésor qu'il t'a volé, je l'ai vu tantôt...!

– Nous allons le poursuivre, le retrouver, et le châtier !

– Mais il faut se hâter, organiser des battues alentour...

– Non, Pépin, point besoin de battues. Je vais faire envoyer quelques CMC dans les villes sur la route de Mulinhuson, pour qu'on le repère et surveille son déplacement.

– Et ensuite ?

– Nous l'intercepterons là-bas.

– Où cela ? demanda Hildegarde, soucieuse.

– À Mulinhuson ! répondit le roi avec un sourire malicieux.

Rentré au palais, le roi ordonna l'envoi des colombes et alla vérifier que ses coupes avaient bien été dérobées. Il reçut ensuite Othello, revenu de Reims, qui lui confirma que Turpin avait effectivement perdu la coupe sacrée, mais sans avoir pu identifier le voleur.

Puis le roi alla retrouver sa bien-aimée dans sa chambre avant de partir.

– Tu vois, Charles, je te l'avais dit !

– Quoi, ma mie ?

– Tu ne peux t'empêcher de galoper par monts et par vaux.

– Las, ce n'était pas prévu ! Et je ne pars pas en campagne, ma chère Hildegarde, je vais juste régler une affaire en trois ou quatre jours, cinq, tout au plus. Je dois y aller moi-même...

– Mais, pourquoi as-tu gardé ce fourbe à tes côtés ? demanda la reine contrariée.

– Il y a quatre ans, je n'avais pas la certitude qu'il songeait à s'approprier les coupes. Il possédait une expérience de ses voyages qui pouvait être utile. Toutefois, je m'en suis toujours méfié.

Et, lorsque j'ai vu revenir le cheval monté par un corps d'homme sans tête, j'ai compris qu'il y avait tromperie. Si ça avait été un cheval sans tête monté par un corps d'homme, j'aurai pu croire à un centaure, mais là, il n'y avait aucun doute.

– Pourquoi aussi l'as-tu laissé te dérober ton bien ?

Charles se pencha vers Hildegarde pour chuchoter la réponse à son oreille :

– J'attendais qu'il dérobât la troisième pour réunir le lot. En le laissant à la manœuvre, je n'avais plus qu'à ramasser le tout en un même lieu...

– Mulinhuson ! lâcha la reine.

– Oui da !

– Et d'où te vient cette certitude qu'il s'y trouve ?

– Les visions de Hilde.

*

Nabil chevauchait vers le sud-est, cravachant sa monture pour qu'elle ne ralentît pas. Les coupes, attachées à la selle, battaient le flanc de l'animal, s'entrechoquaient en faisant tinter le métal.

Sa folle course, ponctuée de cris, faisait fuir des volées de corbeaux et les lièvres qui s'attardaient en bordure de chemin. Des villageois, croyant au passage prochain d'une nouvelle horde de barbares, s'enfermaient dans leur maison ou se cachaient derrière des meules de foin, armés de fourches.

En vain. Cet énergumène leur avait causé une frayeur inutile. En revanche, son indiscrète chevauchée confirmait au roi et ses compagnons qui le suivaient quelques lieues en arrière, qu'ils prenaient la bonne direction.

À Strateburgum et à l'auberge des Maisons de l'Ill, Charles marqua des pauses. De toutes façon, le fuyard devait également se restaurer et se reposer, il ne risquait pas de prendre une grande avance.

Au bout de deux jours et demi de cavale, Nabil arriva à l'Auberge Rouge du Moulin.

Il gara sa monture dans l'écurie, cacha les coupes sous la paille entassée dans un coin, puis entra dans la « stuwa ». Les lieux étaient quasiment déserts.

Lorsque Hansegonde l'aperçut, elle disparut derrière une tenture en emmenant son petit Colin. Son mari, Baldegolf, s'avança vers le visiteur.

– Vous buvez quoi ?

– Pas le temps de boire. Je viens récupérer ma coupe.

– Aha ! Et l'or ?

– Quel or ?

– Tu dois payer ton repas et ta nuit de la dernière fois !

Nabil jeta quelques deniers sur le sol.

– Tiens ! dit-il d'un ton dédaigneux.

L'aubergiste, une véritable armoire, ne se baissa pas. Il fixa son client tout en serrant le poing sur son couteau de cuisine.

– Ça, c'est le tarif pour les habitants du village. Pour les étrangers, ce sont des pièces d'or, annonça-t-il, et à poser sur la table ; je ne suis pas un dogue.

De Médois détacha une bourse enfouie dans son pantalon et la lança sur la table adjacente. Cela ne le rendit pas eunuque pour autant.

Le tenancier s'apprêta à saisir le petit sac de cuir lorsqu'une lame d'épée piqua sa gorge.

– D'abord la coupe, menaça Nabil.

– Elle n'est pas ici.

– Quoi ? hurla l'autre. Où est-elle ?

– Cachée, pour qu'on ne la dérobe pas.

– Va la chercher.

– Hansegonde ! héla l'aubergiste. Va chercher la coupe, son propriétaire la réclame !

– Elle à intérêt à revenir prestement si elle ne veut pas être veuve ! menaça Nabil.

Hansegonde passa devant eux, le petit Colin à la main.

– Le morveux reste là ! ordonna Nabil.

– Impossible ! s'opposa sa mère (celle du garçonnet, pas celle de Nabil). Lui seul, connaît la cachette, dans la forêt.

Nabil, furibond, ordonna :

– Dans ce cas, nous y allons tous les quatre.

Le petit groupe traversa le pont de bois sur l'Ill, et s'enfonça dans la forêt avoisinante, Nabil emboîtant le pas des aubergistes, l'arme au poing.

Au bout de dix minutes, Nabil commença à s'impatienter :

– Alors ! On arrive bientôt ? Vous n'êtes pas allés cacher ça chez Hilde, non !?

L'aubergiste s'arrêta. Puis regarda vers la cime des arbres. Nabil, intrigué, en fit autant, relâchant ainsi son attention. L'instant propice pour le mettre hors d'état de nuire, n'échappa pas au costaud mari de Hansegonde qui se précipita sur lui en assénant un violent coup sur son avant-bras pour qu'il lâchât son arme. Il s'ensuivit une violente empoignade entre les deux hommes, dans un violent corps-à-corps dont une description serait inutile tant il fut affligeant de banalité, les giclements de sang le disputant aux dents cassées, et les coups de poings rivalisant avec les coups de pieds, de coudes et de genoux, et ceci jusqu'au coup du sort que subit Baldegolf au moment où les protagonistes perdirent l'équilibre et tombèrent lourdement sur le sol. La tête de l'aubergiste heurta avec force un rocher, et l'homme ne bougea plus. Son adversaire, lui, avait roulé sur la pente et mit plusieurs secondes à se relever. Lors du combat, Hansegonde avait récupéré l'épée de Nabil. Elle se précipita vers son mari en poussant un cri de désespoir.

– Baldegolf ! Lève-toi ! implora-t-elle en le secouant.

Un filet se sang coulait de la bouche de son mari. Elle sut qu'il avait rendu l'âme que, par honnêteté, il n'avait pas voulu garder.

Lorsque Nabil revint vers elle, Hansegonde brandit l'épée et la leva avec l'intention de fendre le crâne de celui qui en avait fait une veuve.

Un cri retentit alors, interrompant son geste.

– Halte ! Je le veux vif !

Elle tourna la tête dans la direction d'où venait la voix.

À dix pas de là, se tenaient trois hommes. Dans la seconde, Hansegonde les reconnut ; surtout le premier. Ils avancèrent vers la scène d'escrime, l'arme à la main.

– Il a tué mon Baldegolf, je vais le lui faire payer ! s'exclama-t-elle.

Nabil profita de ce moment d'hésitation pour bondir vers Hansegonde dans les jupes de laquelle le petit Colin s'était réfugié, lui arracha l'épée des mains, puis empoigna le garçonnet en appliquant la lame sous sa gorge.

– Si vous faites un pas de plus, je lui coupe la tête ! menaça De Médois.

– C'est une manie, chez toi ! Cela ne m'impressionne pas ! déclara le chef de file du trio en faisant un pas de plus.

– Tu laisserais égorger ton fils ! hurla Hansegonde.

– Mon fils ? s'étonna l'homme en faisant signe à ses compagnons de s'arrêter.

– Tu as déjà oublié notre fornication d'il y a quatre ans, à l'auberge ?

– Hansegonde !

– Au moins tu te rappelles mon nom...

– Ha ha ha ! Voilà que je tiens un enfant royal à ma merci ! s'exclama Nabil avec un rire sarcastique.

– Quoi, royal ? interrogea la mère.

– Eh oui ! Je suis Charles, roi des Francs, avoua le souverain.

Soudain, Nabil poussa un cri de douleur : le marmot venait de lui mordre la main à pleines dents, et réussit ensuite à lui échapper. Cette fois, les hommes du roi eurent vite fait de réagir ; ils se précipitèrent sur lui, l'immobilisèrent au sol, et le ligotèrent.

Colin vint ensuite lui asséner des coups de pied dans le ventre, avant de retourner à côté de sa mère en expliquant :

– Il a fait du mal à papa.

Le stress du combat retombé, Hansegonde alla s'agenouiller auprès du corps de son mari et, actionnant sa ceinture de larmes, éclata en sanglots.

Charles la rejoignit.

– Prions pour que Dieu ait son âme, dit-il.

– Inutile, réagit Hansegonde, il était bon, costaud et travailleur, Dieu ne va pas le louper.

– Bon, nous le ramènerons au bourg tout à l'heure, dès que nous aurons réglé le cas de ce sanglier, déclara le roi en désignant Nabil, maintenu par Jonas et Pépin tel un gibier d'impotence.

— Alors, traître ! Parle ! intima Charles.

— De quoi ?

— Tu le sais bien ! Pourquoi fallut-il que tu le fît, le félon ? tonna Pépin.

— Fisse, pas fît, rectifia Jonas.

— De quels enfants veux-tu parler, Jonas ?

— Il n'est pas question d'enfants, mais de verbe.

— Eh bien, quoi ? rétorqua Pépin. Je parle, non ? Je ne suis pas en train de faire une interrogation écrite !...

— Mais tu as fait une faute de francique...

— Oh, je sais, tu as suivi l'enseignement d'Alcuin, mais...

— Il suffit ! intervint le roi. Je m'en bats l'écuelle de savoir ces choses. Je veux les coupes, les trois coupes !

— Tu ne sauras rien, si je reste là, ligoté en vain, comme un bourguignon, le nargua Nabil.

— Ravale tes paroles fielleuses qui ne nous grugeront plus, rétorqua Jonas en lui donnant un coup dans les côtes.

— Assez joué, coupe-lui la main, ordonna Charles.

Jonas ne se fit pas prier puisque, comme vous le savez certainement, à l'époque, on manquait de délicatesse. Mais on était au Moyen-Âge...

Pépin maintint la main de Nabil au sol, tandis que Jonas leva son épée. Puis se ravisa :

— Tiens-là contre le collet du chêne, Pépin, sinon je risque de taper sur une pierre et d'abîmer le fil de la lame.

— Bon, bon, ça va ! Protesta Nabil. Je vais vous dire ce que vous voulez savoir.

— Hâte-toi ! gronda le roi.

— Je les ai enfouies dans le tas de foin, dans l'abri, à côté de l'auberge.

— Fort bien ! Allons vérifier. Jonas et Pépin, vous allez transporter l'aubergiste, tandis que je m'occuperai de ce frelon.

Le petit groupe rebroussa chemin en direction de la rivière, tout en devisant.

– Vous êtes arrivés juste à temps ! dit Hansegonde qui marchait aux côtés du roi.

– Nous suivons cet homme depuis plusieurs lieues. Nous lui avions laissé une avance pour voir où il allait. À l'approche de la clairière, nous avons entendu des cris et nous avons hâté le pas jusqu'à vous voir, mais nous sommes arrivés trop tard pour pouvoir sauver ton Baldegolf ; maintenant il est bon pour le trou...

– Ce garçon du bourg, pas gourd, bon au labour et à la bourre, m'avait fait la cour. Dès que j'ai senti que je portais ton enfant, j'ai accepté de l'épouser. Il a élevé Colin comme son propre fils, et m'a aidée à tenir l'auberge depuis la mort de mes parents. Maintenant je suis seule, démunie et diminuée.

– Diminuée ?

– Baldegolf était ma moitié...

– Nous prierons pour lui à la chapelle.

– Ça ne le fera pas revenir à la vie.

– Certes, mais nous demanderons à Dieu, dans sa grande bonté, de l'accueillir auprès de lui afin qu'il goûte les plaisirs du Paradis.

– Comment pourrait-il le faire ? Son âme a laissé son corps ici...

– À ce genre de questions, je ne puis répondre ; tu en parleras avec l'abbé Canne.

– Qui est-ce ?

– Un ecclésiastique de l'abbaye de Hohenburg.

– Oh, je ne cherche pas de réponse, la vie s'écoule ainsi... s'empressa de dire Hansegonde.

Charles décela une crainte dans la réponse de Hansegonde et la rassura, tandis qu'on hissait le cadavre sur l'un des chevaux qu'ils avaient laissés au bas de la sente.

– Je n'ai pas l'intention de t'y envoyer en pension...
Mais, tu n'as plus de famille, non ?

– Eh bien... Non...

– Alors, Jonas t'escortera jusqu'à Oche, en mon palais,
où tu résideras avec l'enfant. Tu y trouveras sûrement un
bon parti. Et je donnerai à Colin, ce courageux garçon
dans les veines duquel coule un sang royal, le fief du
Striel, qui vous apportera quelques subsides. En chemin
vous ferez étape à l'abbaye qui offre un repos plus serein
qu'une auberge quelconque...

Le groupe traversa l'Ill en basses eaux, suite à la
canicule d'un été finissant qui laissait enfin poindre les
nuages au-dessus des monts de Bel.

À ces nouvelles, Hansegonde se sentit le coeur un peu
moins lourd. Elle s'adressa à son fils, comme pour se faire
confirmer ce qu'elle venait d'apprendre :

– Tu vas t'appeler Colin du Striel, mon fils, et nous
allons habiter au palais de Charles le Magne !...

Elle attendit une éventuelle contradiction de la part du
roi, mais il ne dit mot. Le garçonnet, quant à lui, ne
manifesta aucune curiosité ; il lâcha seulement :

– Papa ne bouge plus.

Nabil chercha sa chance sur la route, toute la sainte
journée, avec pour objectif de s'échapper. Mais, ils ne
prenaient pas la direction de Palma et, avec les poings liés,
il était impensable de se mettre à courir dans la forêt ni,
davantage, à sauter dans la rivière.

S'enfuir dans les ruelles du bourg, inutile d'y songer,
puisqu'ils se rendaient à l'auberge et qu'elle se situait sur
le ban, à 1/2 lieue du centre (en banlieue, quoi).

Il se résolut donc à coopérer en espérant la clémence du
roi.

À peine arrivés, les quatre hommes pénétrèrent dans la grange, tandis que Hansegonde et Colin regagnèrent l'auberge.

– Où sont les coupes ? demanda Charles.

Nabil leur indiqua le tas de foin :

– Juste là, en-dessous.

Pépin ne tarda pas à les retrouver et à les remettre au roi.

– Et la troisième ?

– Hansegonde.

– En seconde quoi ? s'impatienta Charles.

– La mère de...

Une grosse claque coupa la parole à Nabil.

– La merde sera pour toi, si tu n'es pas plus clair ! tonna Jonas (comme quoi, Cambronne n'a rien inventé). Parle !

– Je l'ai donnée à Hansegonde...

– Tu ne pouvais pas le dire plus tôt ?

– Je l'ai dit il y a une seconde !

– Va vérifier, ordonna le roi à Pépin.

Pépin obtempéra.

– Ainsi, tu voulais t'approprier mes coupes, vil traître !

– Elles appartiennent à ma famille et non à toi.

– Tu oses !? hurla Jonas en voulant le frapper une nouvelle fois.

– Laisse-le parler, intervint Charles.

Nabil expliqua :

– Le père du père du père du père du père...

– Abrège !

– Il y a de nombreuses générations avant ce jour, l'un de mes ancêtres avait forgé un magnifique vase en métal destiné à recueillir l'eau de pluie. Lorsque le prophète fut mis à mort, il récupéra trois clous de la croix sur les conseils de Loth d'Hébil, conseiller en communication de Jésus. « Ça vaudra de l'or, dans le futur », avait-il dit. Mon aïeul les cacha dans le pied de ce vase qui demeura dans notre maison durant 10 générations, jusqu'à ce qu'un jour, les Romains le volent. Mais ils ignoraient ce qu'il contenait, Ils en firent ensuite cadeau aux Chrétiens, ces crétins.

Il y à 400 ans, les Francs le prirent à Rémi de Reims et le cassèrent...

– Ils le cabossèrent, rectifia Charles, je connais l'histoire. Ensuite, Rémi le fit fondre pour en tirer 3 coupes dans lesquelles il fit insérer les clous qu'il avait découverts.

– C'est cela.

– Mais c'est de l'histoire ancienne ! Inutile de faire la guerre à ce sujet !

– Je les veux tout de même, c'est un trésor de famille.

– Je ne te crois pas ; il y a autre chose... Parle, et je te laisserai la vie sauve.

– Tu parles, Charles, je ne te crois pas...

– Bon. Tue-le, Jonas.

Jonas s'exécuta en exécutant l'ordre royal et donc Nabil.

– Maintenant, il voit que je tiens parole.

– Mais tu n'en sauras pas plus... dit Jonas, l'air ennuyé.

– Je connais la légende, et ce n'est qu'une légende. Si elle est vraie, je le découvrirai en réunissant les trois coupes... Tiens ! Revoici Pépin... Alors ?

– C'est vrai.

– Quoi ?! s'étonna le roi.

– Nabil avait bien remis la troisième coupe en gage aux aubergistes.

– Ah ! Un instant, j'ai cru que tu parlais de la légende... Et où est cette coupe ?

– Personne ne sait... Sauf Baldegolf...

– Mais il ne parlera pas.

– Eh non, il ne le peut plus... Il y a bien Colin...

– Quoi, Colin ?

– Il aurait accompagné Baldegolf, le jour où il a caché la coupe.

– Allons lui parler... J'y vais seul. Occupez-vous de la sépulture de Baldegolf et débarrassez les lieux de Nabil.

Charles entra dans l'auberge. Hansegonde préparait un repas, le garçonnet restait sagement assis sur un banc.

Le Magne se pencha vers lui :

– Colin, je cherche une coupe comme celle-ci, commenca-t-il en montrant celle qu'il tenait en main. Sais-tu où ton père l'a rangée ?

– Papa ne bouge plus.

Hansegonde et Charles se regardèrent. Ils comprirent que l'enfant avait été traumatisé par ce qui s'était passé.

Elle ne sut que répondre ; face à ce problème, elle était désemparée, et le roi ne sut comment s'en emparer.

– Il est bon que vous veniez loger à Oche ; peut-être un jour viendra où il saura nous dire...

Ainsi fut reperdue la trace de la troisième coupe, puis des deux autres également, selon le Grimagine.

VIII

« Le temps passe mais les montres restent »
(A. Van Delle)

Selon le Grimagine, oui.

Mais notre histoire ne s'arrête pas là.

Faisons un bond d'environ 1200 ans ; jusqu'à nos jours, donc, si vous savez calculer.

Figurez-vous que, dans ses connaissances, Jean compte deux compères d'un certain âge, qui se passionnent pour la généalogie. J'ai nommé Gaspard Alysant et Oreste Horant, autrement dit « le Gaspard et l'Oreste », des amateurs d'eau gazeuse que nous avons déjà rencontrés dans « Camille et la perruche rouge ».

Eh bien, la semaine dernière, tous trois étaient attablés au Wokizza, où Oreste a ses habitudes depuis qu'il partage sa vie avec Olga, la mère du patron.

– Alors, Gaspard, vous vous plaisez dans votre nouvel appartement de Willer ?

– Oh, oui, Jean ! J'ai de gentils voisins, il y a la Thur pas loin, et tous les après midi, je fais mon petit tour au bord d'elle.

– Et vous, Oreste, avec Olga...?

– On s'entend bien, avec quelques petites disputes de temps en temps, comme tous les jeunes couples ! raconta l'intéressé avec un clin d'oeil. On se promène pas mal aussi. Hier, par exemple, on est allés à la Montagne des Singes.

– Je connais ! Les macaques sont des filous ! dit Jean.

– Tout à fait ! Figure-toi qu'ils m'ont chipé mon béret ! C'est des voleurs !

– Assurément, puisqu'ils ont la peau lisse aux fesses !

– Oui, mais les nasiques ont le nez lisse et ça n'en fait pas des avions pour autant ! fit remarquer Gaspard.

– Voilà vos crêpes vietnamiennes, annonça Mylène, la patronne, en venant servir la table... Oh ! Vous avez déjà fini votre bière, monsieur Horant !

– Déformation professionnelle, j'étais dans les pompes funèbres, avant.

– Une autre ?

– Vous avez de la « Mort Subite » ?

– Non.

– Alors, une Hoegaarden...

– C'est une bière flamande... de Hollande, non ? hésita Oreste, mais j'aimerais la goûter...

– Flamande, mais belge, avait rectifié Mylène.

– Tu ne bois pas une française ?

– Bah, c'est du pareil au même. De toutes façons, toute cette région, et jusqu'au sud, ça faisait partie de l'empire de Charlemagne, un Franc qui a eu la bonne idée de semer des abbayes un peu partout, avec des moines qui avaient le temps de développer toutes sortes de boissons...

– Toujours passionné par l'Histoire, n'est-ce pas ? commenta Jean.

– Ça va de pair avec la généalogie, dit Oreste.

– Eh bien, à ce propos, j'ai une petite histoire à vous raconter.

Jean leur fit un bref résumé de ce récit, cette histoire cachée du vase de Soissons.

Au moment où il parla de Colin du Striel, Oreste l'arrêta :

– Je connais justement un monsieur « du Striel », Paulin du Striel. Il m'a demandé si je pouvais faire des recherches sur sa généalogie.

– Une coïncidence ! en déduisit simplement Jean.

– Pourtant, rétorqua l'Oreste, selon ses dires, sa famille aurait des origines du côté de la Belgique, et surtout... il a une mèche rousse dans sa chevelure !

Cette information stupéfia Jean qui voulut en savoir plus.

– Il habite dans le coin ?

– À Strasbourg.

– Serait-il possible de le rencontrer, pensez-vous ?

– Je lui poserai la question.

*

Ce matin, nous retrouvons Jean dans sa salle de bain. Il est habillé, bien entendu, sinon nous ne serions pas entrés. Il vaque à la réparation de la vasque qui fuit au niveau du siphon, comme cela arrive souvent à beaucoup, passé un certain âge.

Quel rapport y a-t-il entre la vasque, les boissons d'avant et le vase de Soissons ? Aucun, bien entendu, c'est juste pour meubler un peu.

Son téléphone prend soudain la voix de Bowie pour chanter « Heroes ». Quelqu'un l'appelle. Évidemment.

« Allô ?... Ah, Oreste !... Oui... Chez vous ?... Quand ?... Attendez que je réfléchisse... Bon, OK... Alors, à tout à l'heure ! »

Rendez-vous est donc pris pour l'après-midi avec Jean, Oreste et...? Oui, vous l'avez deviné, la troisième personne est Paulin du Striel.

Jean jette un œil à la radio de la cuisine. « Bon, là, j'ai plus le temps de me faire à manger ; je vais remonter le siphon et j'irai chercher un kebab chez Serap » se dit-il, avant d'allumer le poste.

Jingle musical –

Maude Lafin – Il est 11h52 sur Cerumen FM, avant un nouveau sketch de Sénèque + Ultra et, pour finir la matinée avec le sourire, voici les principaux titres qui seront développés par Mélissandre D'Anlurne, à midi :

- Saisie record de drogue, les dealers de coke ont les douanes dans le nez.

- Côme-Médard de Boulevie, député des gens d'ailleurs, sort son livre « Mes vérités », aux éditions « la Plume d'Anlfion », mais peut-on croire un homme politique qui dit la vérité... ?

- Est-ce à dessein qu'elle va en justice ? Une caricature porte plainte pour avoir été corrigée à coups de crayons, par un intégriste.

- Sport : à suivre cet après-midi, le match de Monfils et Tsonga. Je précise, pour les auditeurs, que je n'ai pas d'enfant.

- Histoire : un généalogiste amateur fait un lien d'ascendance entre un Strasbourgeois et Charlemagne, et retrouve une coupe perdue depuis plus de 12 siècles…

– Hein ? Quoi ? s'exclame soudain Jean avant de revenir prestement à la salle de bains. Comme il l'a immédiatement supputé, le siphon est en place, ce qui indique, non seulement qu'il a pu le réparer, mais surtout qu'il vient de faire un saut dans le futur. C'est une question de minutes, il le sait. Il retourne à la cuisine et patiente donc un petit moment. Puis, après avoir perçu une légère variation de luminosité, il va vérifier sa vasque. Ça y est, il est de retour au présent : le siphon se trouve à nouveau par terre, place à laquelle il l'avait laissé.

Peau de Fleur

- *Depuis que j'habite la campagne et que je jardine, j'en ai appris des choses… Savez-vous, par exemple, que les plantes ont des yeux ?*
- *C'est possible ; après tout, les pieds ont bien des plantes !*
- *Et le nez, des végétations, et les intestins, une flore, évidemment…*
- *Vous avez un jardin d'intérieur ?*
- *Non, j'opère en pleine terre où sont les vers.*
- *Quelle poésie !*
- *Mais ceux-ci sont sans pieds…*
- *Cent pieds sous terre ?*
- *Ben non, voyons !*
- *Cent pieds de longueur, peut-être ?*
- *Mais enfin, comprenez donc qu'ils n'ont pas de pieds !*
- *Ah ! je me disais aussi que ça ne tenait pas debout… Et ces yeux, alors ?*
- *De futurs boutons.*
- *Sur le visage ?*
- *Sur la tige, bien sûr, comme les boutons de roses !…*
- *Bon, j'arrête de vous taquiner, car je sens que vous avez les nerfs à fleur de peau. Mais, tout de même, ôtez-moi une épine du pied : votre couperose, ce n'est pas à cause de l'absinthe ?*
- *Pour sûr, non ! J'ai la main verte, pas la langue !*
- *Elle, vous l'avez de bois !*

- *Pas davantage que la gueule !*
- *Vous adoptez un langage qui fleure le terroir !*
- *Oui, et je devrais vous appeler « vieille branche ».*
- *Vous me considérez donc comme un pote âgé ?*
  Vous n'êtes plus dans la fleur de l'âge non plus !
- *Ne vous inquiétez pas, vous n'êtes pas encore un légume… et l'amitié, ça se cultive… comme un potager !*
- *Pas en semant la discorde.*
- *Je ne suis pas non plus de la graine de violence, mais le poil à gratter m'irrite, et je risque d'en écraser les fruits pour faire de la confiture !*
- *Gardez votre paume de fer pour vos pommes de terre ! Ou votre gland…*
- *Pardon ?*
- *Non, rien. On enchaîne… Et votre jardin, on peut le voir ?*
- *Non, c'est un jardin secret.*

Pour qui n'aurait pas saisi, il s'agissait du sketch de Sénèque + Ultra passé à la radio que Jean n'avait pas éteinte.

IX

C'est un jardinet qui borde l'arrière de la maison de Jean, mais ce carré de nature lui suffit. Il y cultive des herbes pour la cuisine et quelques rosiers grimpants ornent la clôture. Sur le côté, il a placé une petite table entourée de quatre chaises où il accueille ses amis, l'été pour l'apéro, et qui sert de salle à manger lorsqu'il est seul. Il vient justement de terminer son kebab et referme les portes-fenêtres pour partir à son rendez-vous en ville.

Cela doit bien faire trois ans déjà qu'il n'a plus mis les pieds dans ce quartier. Il le connaît bien, puisqu'il y possédait son appartement, juste en face de l'immeuble où habite Oreste. À l'époque, ce dernier logeait avec Gaspard et, au-dessus d'eux, vivaient Camille et Trinh jusqu'à leur déménagement après la naissance de Minh, leur garçon. Ensuite, c'est Jean qui a quitté cette rue pour la petite maison qu'il occupe aujourd'hui. Le dernier parti, Gaspard, a préféré récupérer l'appartement qu'il avait donné en location dans la vallée de Thann, sachant que son ami Oreste ne serait pas longtemps seul depuis que celui-ci avait retrouvé son Olga.

Jean n'a donc pas besoin de GPS pour trouver la sonnette d'Oreste.

Après avoir actionné le bouton, une fenêtre du rez-de-chaussée s'ouvre, livrant passage au visage d'Olga.

– Ah, Jean ! C'est vous !

– Bonjour, madame Lure.

– Appelez-moi donc Olga, voyons, je vous l'ai déjà dit ! Ouvre, Oreste, c'est Jean, lance-t-elle en refermant le vantail.

Le bourdonnement caractéristique invite le visiteur à pousser le battant.

Oreste accueille Jean sur le pas de la porte, un sourire surmonté d'un sourcil soucieux trahit son impatience.

– Entre, fiston ! fait le vieil hôte en lui serrant la main tout en le guidant vers le séjour où un homme – Paulin du Striel sans doute – est assis sur le canapé.

L'homme se lève ; Oreste fait les présentations. Olga propose le café, ce que tout le monde accepte volontiers, puis va s'installer à la cuisine avec sa tablette pour chercher des recettes sur Internet, pouët pouët.

– Comme je le disais à monsieur du Striel, tu possèdes un livre duquel tu as extrait cette histoire cachée du vase de Soissons...

– Effectivement ; il s'agit d'un ouvrage qui témoigne de faits remontant à des temps très anciens et, en l'occurrence, il y est fait mention de cette aventure de Charlemagne, très secondaire au regard de l'Histoire, mais qui semble vous intéresser...

– C'est ce que dit monsieur Horant, que j'ai chargé d'essayer de reconstituer ma généalogie. Voilà : il se trouve que mon grand-père, Firmin, m'a transmis dans ma jeunesse un petit carnet tenu par son père, Crépin, où il est fait mention d'une légende familiale prétendant que le nom de « du Striel » aurait été donné à nos ancêtres par Charlemagne en échange d'une coupe. Je n'y avais pas prêté une attention particulière jusque là, mais j'en ai parlé à monsieur Horant en pensant que cela pouvait lui être utile dans ses recherches. Lorsqu'il m'a conté votre histoire, moi, comme lui, je crois, nous avons été assez époustouflés par les coïncidences.

– Mais ce n'est pas tout ; il y a du neuf, depuis, hein, monsieur du Striel, le presse Oreste.

– En effet : depuis quelques jours, je fais des rêves étranges...

– Comme Susane Revel ?

– Non, je connais ce roman ; moi, je fais des rêves la nuit.

– Vous avez un frère jumeau ?

– Presque... Enfin, non, mais...

– Je comprends.

– Tu es bien le seul, fiston, fait remarquer Oreste.

– Alors, revenons à vos rêves, Paulin... Puis-je vous appeler Paulin ? demande Jean avant d'enchaîner sans attendre la réponse. Décrivez-les nous.

– Il y en a essentiellement deux. Dans l'un, je marche derrière un bonhomme trapu, sur un sentier forestier, à proximité d'une rivière, au pied d'une colline. Puis il s'arrête, me regarde, sort un objet de dessous sa tunique, une coupe en métal qu'il enterre au pied d'un chêne.

– Il a des chaînes aux pieds et une coupe monacale ?

– Non. Pourquoi ?

– Je ne sais pas. Mais pourquoi pas...? Poursuivez...

– Ensuite, le bonhomme me sourit et passe sa main dans ma tignasse ébouriffée ; là, je me rends compte que je suis un gamin. Puis je me réveille...

Paulin suspend un instant sa narration, guettant une réaction de son auditoire. En effet, Oreste intervient :

– Tu vois, Jean, ça me fait penser à ce que Vinseconde a dit en parlant de son mari allé planquer la coupe...

– Hansegonde, pas Vinseconde. Mais oui, c'est possible...

– Le deuxième rêve, reprend Paulin, c'est deux hommes qui se battent. Puis, il y en a un qui tombe, justement le bonhomme trapu de l'autre rêve. Et je me vois pleurer et dire « Papa ne bouge plus »...

– En effet, cela correspond beaucoup au récit du Grimagine...

– Et ce n'est pas tout... Ma mère m'a déjà raconté qu'elle faisait un rêve récurrent analogue : deux hommes se battent, l'un d'eux tombe et se heurte violemment la tête contre un rocher...

– Incroyable !...

Jean reste un instant songeur, coi. Les autres aussi. On entendrait un bateau-mouche voguer.

Soudain, sa voix interrompt cette atmosphère de sidération et de considération quasi sidérale, tant l'immensité de la différence temporelle entre l'avènement des événements semble tout à coup réduite à néant. On a l'impression de toucher du doigt une époque révolue depuis des siècles.

– Vous avez une belle barbe, lâche Jean en direction d'Aubin.

– Merci. Je la taille moi-même.

– Impeccable ! Pourriez-vous alors m'en fournir une touffe ?

– Vous collectionnez les touffes ?

– Ce n'est pas le mot... En tous cas, pas ce genre.

– Dans ce cas...

– Je connais quelqu'un qui travaille dans un laboratoire d'analyses et je voudrais réaliser un test ADN, si vous le permettez.

– Aurais-je commis un crime ? demande l'intéressé avec un sourire toutefois peu rassuré.

– Vous devez savoir que, dans le Grimagine, on trouve des reliques collées sur certaines pages et, en l'occurrence, dans le chapitre évoquant notre affaire, il y a une mèche de cheveux... roux.

– De là à penser qu'elle ait appartenu au jeune Colin, il n'y a qu'un pas, admet Oreste.

– Cela pourrait indiquer un lien de parenté... Effectivement... Eh bien, c'est d'accord ; donnez-moi une paire de ciseaux.

– Il n'y a pas urgence ! N'allez pas déséquilibrer votre bouc !

– Ça conviendrait pourtant à ma femme qui me rend chèvre pour que je le rase ! dit Paulin en riant. En fait, je songeais à couper une mèche de cheveux, discrètement, ça devrait faire l'affaire, non ?

– C'est au poil !

– On ne va pas couper les cheveux en quatre pour si peu...

– Exact, Oreste, mais je ne vais pas renchérir, je laisse ça à Sénèque + Ultra, termine Jean.

Olga, revenue servir du café et ayant entendu la conversation, est repartie chercher une paire de ciseaux.

Du Striel est doté d'une belle tignasse dans laquelle il prélève sans difficulté un échantillon qu'il tend à Jean.

– Oreste, auriez-vous des sachets de congélation ?

– Oui... Tu veux congeler la mèche ?

– Non, mais ces sachets sont bien propres et on évite de « parasiter » l'échantillon.

Oreste se lève, fait un tour à la cuisine, et en rapporte un rouleau de sachets plastiques dont il détache un exemplaire pour le remettre à Jean.

Celui-ci propose à Paulin d'y déposer ses cheveux.

– Voilà. Je vais porter ça au labo ; je pense que d'ici une semaine, on devrait avoir le résultat des analyses.

– Appelez-moi aussitôt que vous les avez, Jean ! enjoint Paulin.

– Je n'y manquerai pas ! dit Jean en se levant. Une question encore : êtes-vous déjà allé vous promener au bord de l'Ill ?

– Ça m'arrive de temps en temps ; je vais faire du jogging sur les quais...

– Vous parlez de Strasbourg, alors...

– C'est ça.

– En fait, dans mon esprit, il s'agissait de Mulhouse.

– Ici ? Pas encore... Pourquoi ?

– Une idée... Peut-être devrions-nous y aller, prochainement.

– Pourquoi pas maintenant ? demande Oreste, visiblement toujours aussi impatient.

– Je dois partir. Mais, si vous voulez, allez-y ensemble...

– Je ne peux pas non plus, cet après-midi, dit Paulin en regardait sa montre, je dois être à Strasbourg à 18 heures.

– De toutes façons, je vous recontacte dès que j'ai une réponse, conclut Jean en exhibant le sachet de cheveux avant de saluer tout le monde et s'en aller.

De retour chez lui, Jean ouvre la vieille armoire qui trône dans sa chambre. Sur la seule étagère qu'elle comporte, il a rangé le Grimagine. C'est d'ailleurs à cette place qu'il l'a découvert, le jour où il est allé récupérer son vélo resté, comme ce meuble, dans la cave de l'immeuble après son déménagement. Dans un premier temps il a envisagé de laisser l'armoire au nouveau propriétaire où, à défaut, de s'en débarrasser. Mais le Grimagine est le deuxième objet qu'il y a trouvé, apparu soudain sur l'étagère. Le premier, c'est un anneau de laiton plat ciselé qu'il porte à son bras depuis lors. Du coup, il a décidé de conserver ce meuble et l'a emporté pour le placer dans sa chambre, à l'abri des regards, tant que certains mystères ne sont pas éclaircis.

Après avoir récupéré la mèche présumée de Colin dans l'ouvrage ancien, Jean s'assure de la disponibilité de son ami laborantin par un coup de fil, puis s'en va lui apporter les échantillons capillaires.

Laissons là Jean, et faisons un bond d'une semaine pour le retrouver chez lui. Du coup, on ne l'a pas laissé, mais ça n'a aucune importance ; la fin du bouquin est proche, alors, on ne peut pas se permettre de perdre du temps.

Des visiteurs attendus sonnent à la porte.

– Bonjour Oreste ! Bonjour Paulin ! Venez, entrez ! les invite-t-il en les guidant vers le séjour où il leur propose un siège et un café.

Tandis que Jean le prépare, ils échangent quelques mots conventionnels.

– Le temps est maussade, aujourd'hui...

– Ça fait la joie de mon voisin rabbin, commente Oreste.

– Mais pas de mon voisin carabin, indique Paulin, il organise un barbecue ce week-end.

– Et les carabins tirent à la carabine ? s'enquiert Oreste.

– Le « à » est superflu... précise Paulin.

Le café servi, Jean reprend :

– Voilà : suite aux analyses, il ressort qu'il existe un lien de parenté entre Paulin et Colin du Striel.... Et pas des moindres... !

– Que voulez-vous dire ?

– Mon ami m'a demandé si vous étiez jumeaux.

– Non, je suis fils unique.

– Pas vous tout seul, mais vous et Colin !

– Il est sérieux, votre ami ? À 1200 ans d'intervalle...!?

– Je ne lui avais pas dit d'où provenaient les échantillons...

– Mais c'est incroyable ! s'exclame Oreste.

– En effet, cela suppose que votre patrimoine génétique, Paulin, est très proche de celui de votre ancêtre !

– Si j'ai bien compris je serais un descendant de Charlemagne !?

– Certainement... En outre, à travers les générations de votre famille, il semblerait que l'essentiel des gènes originels aient fini par se retrouver en vous ! Et c'est en raison de ces éléments et de vos rêves que j'ai envie de tenter une expérience : allons nous promener au bord de l'Ill, cela pourra peut-être déclencher un souvenir, une intuition ou quelque chose comme ça.

– Ah ! La fameuse promenade ! Mais à quelle fin ? demande Paulin.

– J'ai dans l'idée que vous pourriez retrouver la coupe égarée de Charlemagne.

– Mais pourquoi au bord de l'Ill ?

– Baldegolf n'a pas fait des kilomètres pour aller cacher l'objet. Ensuite, selon les rêves de Paulin, cela semble se trouver à proximité d'une rivière et d'une colline, peut-être le Rebberg...

Le trio a pris l'allée arborée sur la rive gauche, remontant du champ de foire en direction du stade nautique.

– Je pense qu'on a peu de chances de trouver la coupe, intervient Oreste, il faut considérer une chose importante : il y a douze siècles, toutes les habitations alentour n'existaient pas ; en plus, on n'avait pas canalisé l'Ill, de sorte que son lit devait être différent et même varier selon les saisons...

– Il n'a pas tort, approuve Paulin.

– J'y ai pensé... Mais j'ai une intuition et, en général, mes intuitions ne sont pas mauvaises, n'est-ce pas, Oreste ?

– Je ne sais pas vraiment, mais, aux dires de Camille, c'est le cas...

Quelques dizaines de mètres plus tard.

– Jusque là, rien de neuf, Paulin ?

– Non, Jean... Ah ! Attendez... Oui, c'est ça, mon téléphone vibre.

– Ça signifie quoi ? demande Oreste, soudain fébrile.

– Que j'ai un appel... Excusez-moi... dit Paulin en s'écartant.

– Je suis vraiment bête ! constate Oreste, quelle idée que de demander ce que ça signifie quand un téléphone sonne !

– Ça se comprend, le rassure Jean, on est tous pris par cette étrange histoire, qu'on a tendance à compliquer les choses.

– Voilà, je suis de nouveau à vous, on peut continuer notre chemin, propose Paulin.

– Alors, traversons la route et continuons le long de la berge. Là-bas, démarre un sentier sportif qui serpente dans la colline. Arrivé en haut, on se trouve à deux pas du campus universitaire, explique Jean.

Ici, l'espace moins abondamment fréquenté, n'est pas autant aménagé que précédemment ; juste une voie goudronnée également empruntée avec intérêt par des cyclistes, notamment ceux qui suivent la piste des « 3 pays ».

Profitez-en au passage pour réviser l'orthographe des adverbes en « amment/emment ».

Après quelques pas sur le macadam, les trois hommes économes empruntent gratuitement le sentier du parcours sportif qui s'insinue dans la forêt, saluant au passage Stéphane Bern venu se perdre dans un lieu d'histoire, toutefois sans château.

– Toujours rien de neuf, Paulin ?

– Non, Jean... Ah ! Attendez... Oui, c'est ça...

– Votre téléphone vibre ?

– Pas cette fois ! J'ai comme une impression de déjà venu...

– Vous voulez dire « de déjà vu »...

– Non, je ne ressens pas l'impression d'avoir déjà vu ces lieux, mais d'y être de venu... alors que je suis sûr de ne jamais encore y avoir mis les pieds...!

– Vous pensez y être venu sans vos pieds ?

– En tous cas, ce n'étaient pas les miens.

– Des pieds de biche, alors ?

– Des pieds nickelés ?

– Des pieds anglais ?

– Des pieds marins ?

– Presque ! Ce devait être les pieds de Colin...!

– Mais les poissons n'ont pas de pieds...!

– Ils n'ont pas besoin d'avoir pied, ils savent nager !

– Voyons, messieurs, je parle de Colin du Striel ! s'énerve Paulin.

– Bien entendu ! Excusez-nous, c'est une déformation incontrôlable de la conversation qui se produit de temps à autres... Donc, vous ressentez quelque chose de particulier... ?

– Il faut creuser ici, coupe soudain Paulin en indiquant un petit rocher partiellement enfoui dans la terre.

– On n'a pas de pelle ! s'inquiète Oreste.

– Vous êtes sûr que c'est ici ? demande Jean.

Paulin lève la tête et scrute les alentours.

– J'ai maintenant une impression de déjà vu... Pas en regardant la végétation, mais le relief, le panorama sur la rivière... Et quelque chose m'attire vers ce point précis, me poussant à creuser...

– Dans ce cas, tentons de déchausser cette pierre avec des bâtons, propose Jean.

Cueillant chacun de jeunes pousses d'arbres, après avoir vérifié qu'un brigadier vert ne se trouve pas dans les parages, le trio se met à racler la terre dans le sens des aiguilles d'une horloge autour du roc, en mémoire de Bill Haley.

Par intermittence, ils essayent de faire bouger la pierre. Petit à petit, elle commence à s'ébranler.

– J'ai l'impression d'être un dentiste qui tente d'extraire une dent de sagesse rebelle ! dit Jean.

– Vous avez raison. Mais moi, j'ai l'impression qu'elle ne va plus tarder à venir, prévoit Paulin tandis qu'Oreste reprend son souffle.

Après plusieurs essais pour déchausser le gros caillou, Jean décide d'aller se positionner au-dessus de lui.

– Ecartez-vous, je vais essayer de le pousser du pied.

À la troisième tentative, la pierre cède, sort subitement de son logement, et va rouler sur le sentier. Surpris dans son élan, Jean perd l'équilibre et dégringole à son tour pour se retrouver les quatre fers en l'air.

Paulin se précipite :

– Rien de cassé ? demande-t-il en tendant une main solide.

– Merci. Y a pas de mal, répond Jean en riant de la situation.

Une fois debout, il remarque qu'une jeune femme en tenue de sport s'est arrêtée devant lui, et le regarde avec surprise.

– Jean !?

– Aude !

– Vous avez eu de la chance !

– De vous rencontrer ?

– Non ! Je veux dire... Vous auriez pu vous faire mal...! répond-elle en rougissant un peu.

Soudain, c'est Oreste qui se manifeste :

– C'est elle ! C'est elle !

– Paulin s'approche du trou que bouchait la pierre. Au fond, un objet métallique partiellement recouvert d'une toile ayant dû, selon toute vraisemblance, servir d'emballage, reflète quelques rayons du soleil qui s'invitent à travers les ramures.

Paulin en est sûr, c'est bien elle, la coupe, la troisième coupe convoitée par Charlemagne.

Tandis que les deux hommes s'affairent à déterrer la coupe en partie enfouie avec les années, Jean poursuit sa conversation avec Aude.

– Vous venez souvent courir dans le coin ?

– Ça m'arrive, mais pas régulièrement. Et vous, vous venez souvent tomber par ici ?

– Tomber des filles, ça m'arrive, mais pas régulièrement...

– Et là, que se passe-t-il ? demande Aude qui ne perd pas son nord de journaliste.

– Ah...! Oui... Venez que je vous présente.

– Messieurs, voici Aude Van Delle, journaliste et chroniqueuse à Cerumen FM... Aude, je vous présente Oreste Horant, généalogiste amateur, et Paulin du Striel, descendant de Charlemagne...

– Hoho ! Descendant de Charlemagne ! L'empereur couronné à Noël !

– Exactement.

– Et ça, c'est l'une des 3 coupes qui a été réalisée à partir du vase de Soissons.

– Le fameux vase de Clovis ?

– Exactement.

– Vous êtes de petits plaisantins ! rétorque Aude, incrédule, en tournant son regard vers Jean.

– Si vous en doutez, je vous propose de venir chez moi, je vais vous montrer quelque chose.

– Mmh... Me montrer quoi ?

– Le Grimagine.

– Vous êtes témoins, messieurs, que Jean me propose d'aller chez lui en tout bientôt tout honneur...?

– Oui oui. Et vous pouvez lui faire confiance ! déclare Oreste avec un grand sourire.

*

– Donc, si j'ai bien compris, Colin aurait vu Baldegolf cacher la coupe à l'endroit même où vous l'avez retrouvée tout à l'heure, et Paulin du Striel étant l'un de ses descendants, aurait des gènes si proche de ceux de Colin, qu'il a une perception quelque peu « métaphysique » des événement survenus à l'époque...

– Le fait qu'il ait eu l'intuition de l'endroit où était encore enfoui l'objet montre bien, à l'appui du récit figurant dans le Grimagine, que tout cela est vrai. Non ?

– Je reconnais que ça tient la route. Les preuves ne sont peut-être pas irréfutables mais les coïncidences sont extrêmement troublantes...

– Comme vous dites ! Excusez-moi un instant.

Jean se lève pour aller ranger l'ouvrage historique à sa place, dans la vieille armoire. Il en ouvre la porte et se trouve nez à nez avec un visage, un visage féminin qu'il ne connaît pas. Il y a une femme dans l'armoire ! Au mépris de toute politesse, mais par prudence, il referme subitement la porte, pose le livre sur son lit et retourne dans le séjour où patiente Aude.

– Bon, je dois malheureusement partir dans quelques minutes...

– Bien sûr ! Je vais vous laisser, répond la journaliste, je n'ai plus le temps de finir mon jogging, mais l'après-midi a été enrichissante !... Qui sait ce qu'il eût pu advenir de l'histoire de France, si Charlemagne avait réuni les trois coupes forgées dans le célèbre vase de Soissons à trois clous... !

EPILOGUE

– Mais, qui êtes-vous ? demande Jean à la femme dans l'armoire.

– Tu possèdes le gros livre, tu devrais le savoir.

– Y a beaucoup de gens dans le gros livre.

– Hilde.

– Hilde ! Hilde de Mulinhuson ?

– C'est ça. Et toi, qui es-tu ?

– Jean. De Mulhouse.

– Ah, oui ! Je t'ai déjà entendu parler.

– Mais on est au XXIème siècle... ! Comment peux-tu être là ? Et comment peux-tu comprendre le français ?

– Je suis en transes. Je ne suis pas là en personne et, dans cet état, je comprends tout.

– On a trouvé la coupe que Baldegolf avait cachée.

– Tant mieux, garde-la !

– Qu'est-ce qu'elle vaut ?

– Pas un clou. Sauf pour ceux qui y croient.

– Pourquoi « tant mieux » ?

– Il est du peuple Franc, et moi, j'ai des racines extrême-orientales. Il veut tout envahir. Qui sait ce qu'il pourrait advenir de l'histoire du monde, si Charlemagne réunissait les trois coupes forgées dans le vase de Soissons à trois clous...

CORBEILLE À PAPIERS

Quelques notes qui n'ont pas trouvé leur
place dans l'histoire

Merci à Stéphane Bern pour son involontaire apparition.

La période d'écriture indiquée (5) vous aide à replacer le récit dans son contexte d'actualité.

Avez-vous trouvé le mot qui ne veut rien dire ? Et celui avec deux accents circonflexes ? Avez-vous remarqué, ici ou là, quelques alexandrins ?

Il revient constamment à la charge, il m'harcèle d'assauts. Mon Dieu ! Que de bienfaits commis en ton nom ! Mon Dieu ! Que de crimes prodigués en ton nom ! Mais, diable, où te caches-tu donc ?

Si quelque chose ne vous plait pas, faites-le moi savoir. Si ça vous plait, faites-le moi aussi savoir, y a pas de raison...

<u>**DÉJÀ PARUS**</u>

Tous les ouvrages sont publiés en version numérique et livre papier

Dans la collection
« Les histoires de Jean peu ordinaires »

Tome 1 : Camille et la perruche rouge

Tome 2 : Le huitième vide

Tome 3 : Le générateur de gréons

Tome 4 : Pensées multicolores sur terreau de matière grise

Tome 5 : Un vase de Soissons à trois clous

Ceci n'est pas une édition japonaise ;
vous êtes en train de regarder la fin.
Merci de retourner le livre pour
commencer la lecture.